小学館文庫

# つけびの村

## 山口連続殺人放火事件を追う

高橋ユキ



小学館

編集：藤野眞功＋江坂祐輔（晶文社）
＋酒井裕玄（小学館）
装丁：町口景

# 目次

周南市金峰杣の里
交流館
9
郷集落

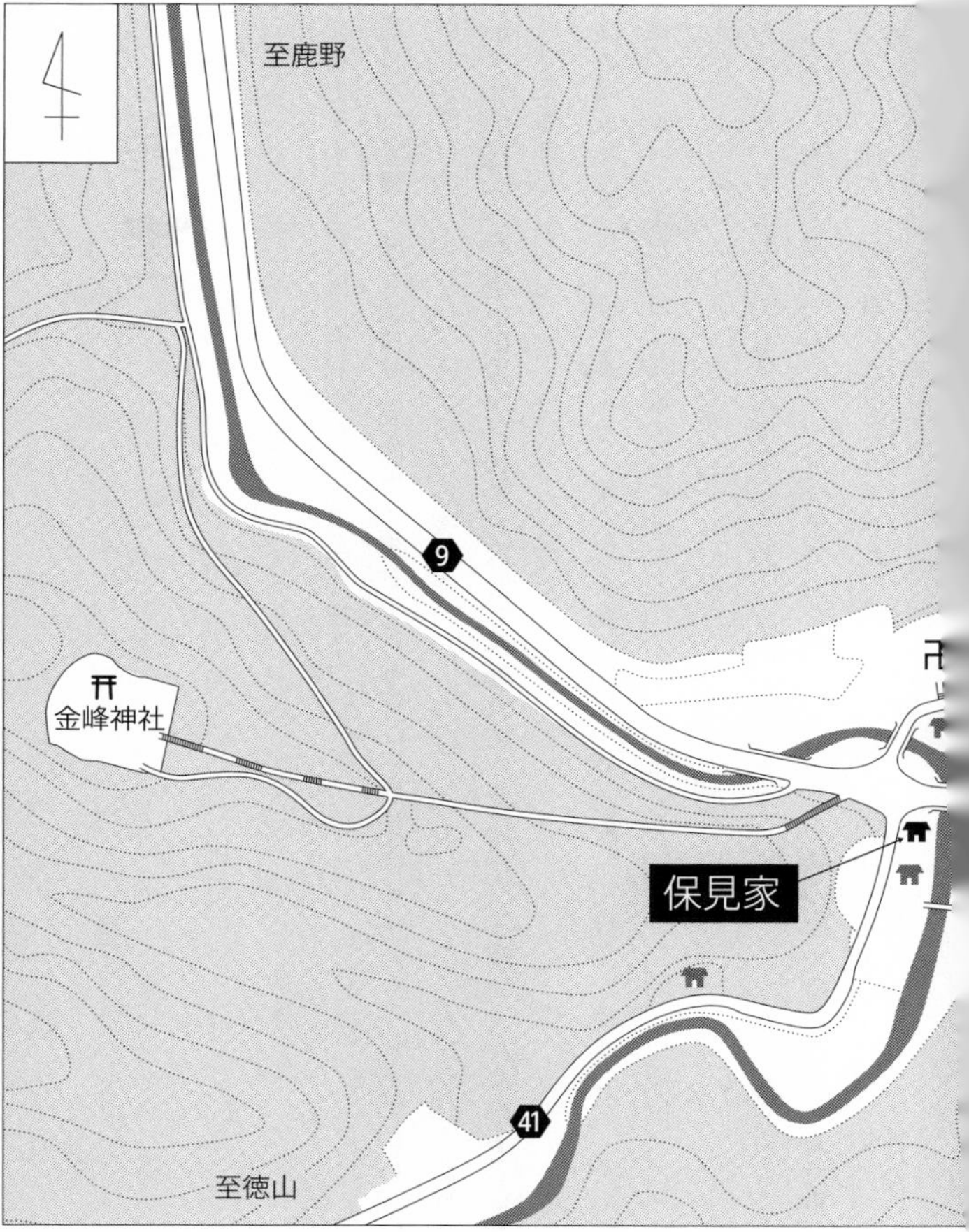
至鹿野
9
金峰神社
保見家
41
至徳山

# 発生

2013年7月21日、第23回参議院選挙の投票日。

前月から猛暑が続く山口県周南《しゅうなん》市・須金《すがね》・金峰《みたけ》地区の郷《ごう》集落には、この日も朝から強い日差しが降り注いでいた。そよ風すら吹いていないのはいつものことだ。わずか12人[1]が暮らす小さな山村は、周南市街地から16キロほどしか離れていないが、半数以上が高齢者のいわゆる限界集落である。

隣の菅蔵《すげぞう》集落の田村勝志さんは、集会場「金峰杣《そま》の里交流館」で投票を済ませた。その帰りに声をかけて来たのは、義理の妹にあたる山本ミヤ子さん（79歳＝当時・以下同）だった。彼女の夫は田村さんの弟だが、先立たれ、ひとり暮らしをしていた。

「ちょっと、コーヒーでも飲んで帰らんね」

山本さん宅の縁側で一緒にアイスコーヒーを飲んでいると、隣の家からいきなり大音量でカラオケが流れ、男の歌声が聞こえてきた。隣では最近、毎朝10時と夕方5時に、きまってカラオケが始まるのだ。周囲に気を遣って窓を閉めるどころか、その男はわざわざ窓を大きく開け放ち、村中に歌を響かせる。

とはいえ、村人にとってはいつものことだったので、驚くでもなく、田村さんは男が歌う昔の流行歌を聴きながら、コーヒーを飲み、山本さんと別れた。

帰りの道沿いには、貞森誠さんと妻の喜代子さんが住む一軒家がある。誠さんは71歳、集落の中では中堅の年齢だが、数年前から癌を患《わずら》い、1歳年上の喜代子さんが自宅で看病をしている。さきほどの男の歌声は、この家の前を通るときにも聞こえていた。

田村さんが家路に就いた頃、山本さんは同じ集落の石村文人さん（80歳）とグラウンドゴルフに出かけた。いつもの日曜日。投票があること以外普段と変わらない時間が流れていた。

夜から始まる惨劇を、集落のものは誰ひとりとして想像すらしていなかっただろう。

――ただひとり、〝カラオケの男〟を除いては。


のどかな村の様相が一変したのは、その日の20時59分。

「貞森さんの家が、真っ赤っかになっとる！」

仲睦《なかむつ》まじい夫婦が住む家から煌々《こうこう》と炎が燃え上がるのを目撃した近所の村人は、慌てて119番に通報した。ところが、電話を切って再び外に出ると、もうひとつ別の家が燃えていることに気がついた。

「……山本さんの家も、メラメラ燃えとる」

直後の21時5分頃、別の村人が、山本さんとグラウンドゴルフに行っていた石村さんに電話をかけていた。だが応答はない。

集落では二軒の家の消火活動が行われ、22時14分、ようやく火は鎮まった。貞森さんの家からは誠さんと喜代子さんの遺体が、山本さんの家からはミヤ子さんの遺体が発見された。誠さんの遺体は足がもげていた。消防団が焼け跡をかき分け、失われた片足を探した。

二軒が連続して燃えたことに、村人たちは皆「何かおかしい」と違和感を覚えていた。ふたつの家は70メートルほど離れていて、間に燃え移るものもないからだ。

「なんでこんなことに」

「放火じゃなかろうか」

集まった村人たちは口々にそう言い合った。とはいえ、火の消えた夜の闇の中では何かを見いだすことも難しい。翌日には現場検証も行われる。火災の原因もじきにわかるだろう。互いに、そう納得した。

投票場だった「金峰杣の里交流館」の、はす向かいに住んでいた吉本茜さんから連絡を受けた河村聡子さん[2]（73歳）は、吉本さんの家で、一緒に消防団にお茶や水を出すなどの世話に追われていた。夫の二次男《ふじお》さんは、友人たちと愛媛に旅行中だった。

「貞森さんの家族に連絡せにゃいけんね」

吉本さんと、そんな話をしていた。

山口県警の緊急配備が解かれたのち、消防団は引き揚げ、片付けが終わったのが夜中の1時半。日付はすでに変わっていた。河村聡子さんは家に帰り、風呂に入って寝る支度《したく》をしてから、一階の居間で二次男さんに宛てて火事のことをノートに書き置きした。大変な一日を終え、ようやく二階の寝室へ向かった。

だが翌日の昼前、その聡子さんも、遺体で発見された。遠方に住む娘が自宅を訪ね、二階に血まみれで倒れている聡子さんを見つけたのだった。

昨夜から連絡がつかなかった石村さんも、その数分後、自宅を訪れた県警に遺体で発見された。すぐに、村の入り口に黄色いテープの規制線が張られた。現場検証が始まる。

「二軒の火災による3人の死亡」が、「5人の連続殺人と放火」に姿を変えた瞬間だった。

県警はこの時点で、昨晩から自宅におらず、連絡もつかない〝カラオケの男〟を重要参考人と睨み、その自宅を捜索。男の行方を追っていた。二台の車はガレージにある。まだ遠くには行っていないだろう。5人は全員、撲殺されていた。

遺体に共通していたのは頭部の陥没骨折、そして足の殴打痕。うち3人には「口の中に何かを突っ込まれた」形跡があった。

貞森さん夫妻と山本さん、3人の遺体は黒く焼け焦げ、確認のために山本さんの遺体を警察から見せられた息子は、どっちが頭なのか足なのか分からなかったほどだという。のちに行われた司法解剖では、頭蓋骨の陥没骨折や、顔部分の皮下出血が認められ、頭部や顔を鈍器のようなもので激しく殴られて殺害されたことがわかった。

石村さんの遺体にも同じく、後頭部や膝の裏、そして顔面を激しく殴打された痕が見られた。口の中にも損傷があり、何か棒のようなものを突っ込まれた形跡があった。

聡子さんも同様だ。首の後ろを激しく殴られたことが致命傷とみられた。彼女の口の中も血まみれで、前歯が折れていた。

「家で寝ちょったら殺されるかもしれん」

連続殺人であることを悟った村人たちは怖がった。県警は、さらなる犠牲者が出ることを防ぐため、昨日は投票場だった「金峰杣の里交流館」に村人たちを避難させた。そこで寝泊まりを始めた村人たちにとって、参院選の投票結果など、もはやどうでもいいことだった。

集会場の外では、約400人もの県警捜査員が村中を回り、男の行方を捜し続けている。村の入り口に張られた規制線の外には、おびただしい数のテレビ中継車が並び、上空には報道ヘリが音を立てて飛び交っていた。

一度に5人が殺害されるという大事件が発生した村には、地元だけでなく東京からも多くの記者が詰めかけたが、そんな彼らが何よりも注目したのは、〝カラオケの男〟の家のガラス窓に掲げられた不気味な「貼り紙」だった。

「つけびして　煙り喜ぶ　田舎者」

山口県周南市金峰（みたけ）で21日夜、全焼した民家2軒から3人の遺体が見つかり、翌22日に別の民家2軒から新たに2人の遺体が見つかった事件で、火災現場で見つかった3人はいずれも頭部に外傷があり、ほぼ出火と同じ時刻ごろまでに死亡していたことが、司法解剖の結果わかった。県警は、3人が殺された後、放火されたとみている。

県警は22日、5人が殺害された連続殺人・放火事件と断定し、周南署に捜査本部を設けた。県警は同じ集落に住む男（63）が何らかの事情を知っているとみて、自宅を殺人と非現住建造物等放火の疑いで捜索した。男は行方が分からなくなっている。（中略）

全焼した山本さん方の隣の民家には「つけびして　煙り喜ぶ　田舎者」と、放火をほのめかすような貼り紙があった。（朝日新聞　2013年7月23日）

14《原ママ》人が暮らす集落で5人の遺体が次々と見つかった。携帯電話も通じない、山口県周南市の山間部で起きた事件。「つけびして　煙り喜ぶ　田舎者」。全焼した民家の隣に住む男（63）は所在不明で、自宅には放火をほのめかす貼り紙も残る。「家族のよう」と言われる山里で、何が起きたのだろうか。（四国新聞　2013年7月23日）

警察はC【山本】さんの住宅の隣に住む63歳の男が、2つの住宅に火をつけた疑いがあるとして、殺人と放火の疑いで男の自宅を捜索しました。

その際に室内から外に見える形で窓に貼り紙があり、紙には「つけびして煙り喜ぶ田舎者」と書かれていました。

男は、現在、行方が分からなくなっていて、警察は貼り紙の内容が放火への関与を示すものとみて、男の行方を捜査するとともに、一連の事件との関連について調べています。（NHKニュース　2013年7月22日）

8世帯・12人の村で3分の1以上が殺害され、姿を消した男の家には不気味な貼り紙。さっそく「平成の八つ墓村」などとネットでも騒がれ始めた。


事件発生から4日が経った、7月25日。山中で男の携帯電話や、男性用のズボン、そしてシャツが発見された。さらにその翌日の朝、現場付近を捜索していた機動隊員が林道沿いで、異様な風体の男を見つけた。Tシャツとパンツの下着姿で、靴も履いていない。

「ホミさんですか？」

近づきながら機動隊員が声を掛けると、男はその場にしゃがみ込み、言った。

「そうです」

抵抗することもなく県警の任意同行に応じ、逮捕されたその〝カラオケの男〟は、郷集落の住民のひとり、保見光成《ほみこうせい》という。

その後、県警は山中で、側面に「ホミ」と彫られたICレコーダーを発見した。雑音の中、息を切らしたような声でこんな言葉が録音されていた。

「ポパイ、ポパイ、幸せになってね、ポパイ。
いい人間ばっかし思ったらダメよ……。
オリーブ、幸せにね、ごめんね、ごめんね、ごめんね。
うわさ話ばっかし、うわさ話ばっかし。
田舎には娯楽はないんだ、田舎には娯楽はないんだ。ただ悪口しかない。
お父さん、お母さん、ごめん。
お姉ちゃん、お姉ちゃん、お姉ちゃん、ごめんね。
……さん、ごめんなさい……。
これから死にます。
犬のことは、大きな犬はオリーブです」

保見光成の家のガラス窓にあった、この貼り紙。

「つけびして　煙り喜ぶ　田舎者」

県警が保見を捜索している段階から、これは〝カラオケの男〟による犯行予告なのではないか、と騒がれていた。「放火をほのめかす貼り紙」「不審なメッセージ」などと、テレビや新聞は何度も取り上げた。

――だが、それは決意表明でもなければ、犯行予告でもなかったのである。

# 夜這い

その〝真相〟を知ったのは、事件から3年半も経った2017年1月。取材のために金峰地区を訪れたときだった。

私は東京で週刊誌の記者として働きながら、主に殺人事件の公判を取材するフリーライターとしても活動していた。取材に出向くひと月前、ある雑誌の編集者が「山口連続殺人事件」について改めて取材して記事を書いてみないかと声をかけてくれたのである。

保見光成はすでに5人に対する殺人と非現住建造物等放火の罪で起訴され、山口地方裁判所の一審でも、広島高等裁判所の控訴審でも死刑判決が言い渡されており、事件は最高裁に係属していた。

逮捕当初こそ「殺害して、その後、火をつけた。私がやりました」と犯行を認めていた保見だったが、2015年6月25日、山口地方裁判所で開かれた裁判員裁判の初公判で突然、自白を翻《ひるがえ》し「火はつけていません。頭をたたいてもいません。私は無実です」と無罪を主張していた。

大量殺人を犯したとされる被疑者については、まず起訴前に精神鑑定を行い、問題がない、つまり事件当時に完全責任能力を有していたと判断されたのちに起訴されるという流れが一般的である。これを起訴前鑑定という。さらに起訴後の公判前整理手続という非公開の手続きにおいて、争点が責任能力であるとなれば、改めて精神鑑定が行われる。これが本鑑定と呼ばれる。

保見に対しては一審が開かれる前に、この2つの鑑定が行われた。起訴前鑑定では事件当時の保見には「完全責任能力」があると判断されたが、起訴後の本鑑定では「妄想性障害」と判断されていた。

これをもって、一審公判で弁護側は責任能力について「心神喪失」もしくは「心神耗弱《こうじゃく》」を主張した。加えて保見は、放火も殺人も自分がやったのではないと、犯人であること自体を否認したのである。だが同年7月28日の判決公判で、山口地裁は保見に死刑を言い渡した。「妄想性障害」は認めたが、「完全責任能力」を有していたという判断だった。また放火も殺人も、犯人は保見以外に考えられないと結論づけられた。

「鑑定人によると、被告は両親が他界した2004年ごろから、近隣住民が自分のうわさや挑発行為、嫌がらせをしているという思い込みを持つようになった。こうした妄想を長く持ち続けており当時、妄想性障害だったと診断できる。『自分が正しい』と発想しやすい性格傾向と、周囲から孤立した環境が大きく関係し、妄想を持つようになった。

この鑑定は合理的であり、これを基に責任能力を検討すると、被告が当時、自己の行為が犯罪であるという認識を十分有していたことは明らか。凶器となる棒を携《たずさ》えて各被害者宅を訪れ、殺害後に自殺しようと山中に入っており、善悪を認識する能力も、その認識に基づいて行動する能力も欠如したり、著しく減退したりしていない。被告は当時、完全責任能力を有していた」（山口地裁の判決）

保見は、これを不服として即日控訴。2016年7月25日、広島高等裁判所で控訴審の第一回公判が開かれたが、弁護側の証拠請求はすべて却下されて即日結審し、同年9月13日、控訴棄却。その翌日、保見側は上告した。

判決では本鑑定の結果に基づき「近隣住民が自分のうわさや挑発行為、嫌がらせをしているという思い込みを持つようになった」と認定されているが、これが本当に「思い込み」だったと言えるのかについて、私自身はすこし疑問を感じていた。事件発生当初から、保見は集落の村人たちから〝村八分〟にされていたのではないかという疑惑があったからだ。

金峰地区の郷集落で生まれ育った保見は中学卒業後に上京し、長らく関東で働いていたが、90年代にUターンしてきた。しかし村人たちの輪に溶け込めず「草刈機を燃やされる」「家の裏に除草剤を撒かれる」「『犬が臭い』と文句を言われる」など村人たちとの間に摩擦があったことをうかがわせる出来事が起こっていたのだと大手女性週刊誌は報じていた。

また被害者のひとりである貞森誠さんが、かつて保見を刺したことがあったらしいという、気がかりな情報も耳にしていた。

「みんな仲良しなのに、ひとりだけ浮いた存在」

保見の逮捕直後、新聞のインタビューに近隣住民が語っていた。

保見はICレコーダーに「周りから意地悪ばかりされた」と吹き込んでいたが、これは妄想などではなく、本当のことなのではないか──。

この事件についてはそのような認識を持っていたが、依頼された取材の目的は少し違っていた。編集者は、金峰地区における〝夜這い風習〟について取材をしてきてほしいと頼んできたのだ。

彼は、私に一本の記事のコピーを手渡した。それは2016年10月発売の、ある週刊誌に掲載されていた山口連続殺人事件にまつわるものだった。とあるジャーナリストが、広島拘置所に収監されている保見に面会し、逮捕当時に大きく報じられていた「村八分」の発端となる「ある事件」について話を聞いたというのだ。

読めば、金峰地区には〝夜這い〟の風習があり、戦中にひとりだけ徴兵を免れた村人が、女たちを強姦してまわっていたという。そして、この村人が保見の母親を犯そうとしたとき、それを止めて追い払った人物が、保見光成と20歳近く年の離れた実兄なのだ、と。

「これを、ちょっと行って来て、確かめてもらえる？」

と、その編集者は言った。

当時、私も保見の一審公判を傍聴に行きたいと思っていたが、子供が産まれたばかりだったため、なかなか家を空けることができず、諦めたという経緯があった。編集者とはその話も過去にしていた。おそらくそれを覚えていて、話を振ってくれたのだろう。二つ返事で引き受けた。

とは言いながらも、取材を終えてその結果を世に出せば、すでに公表されている記事の検証取材となるわけなので、多少面倒臭いことになる、という予感は最初からあった。しかも取材の目的は「金峰に夜這いの風習があったかどうか、確かめる」というもの。

行くとは決めたものの、多忙な夫に子供を預け、遠路はるばる山口県周南市の山奥まで出向き、夜這いについて村人に話を聞いてまわる。

「夜這いの取材かぁ……」

ノートパソコンを開いて取材前の情報収集をしながら、年末の夜中にリビングでひとり思わず呟いてしまった。

この21世紀に、夜這いの取材。ちゃんと話が取れるのかと不安になる。

だが、引き受けたからにはやらねばならない。山口県は民俗学者・宮本常一《つねいち》の出身地でもある。こうなったら宮本常一になりきって、村人たちに聞き取りを行おう。これはすでに滅びた日本古来の風習を探るフィールドワークなのだ。そう思い込むことにした。

それに件《くだん》の記事には、保見への〝いじめ〟は確かに存在し、その発端が戦中の〝強姦未遂事件〟であると記されているのだから、それを確かめることは、一応〝いじめ〟に絡む取材につながる。西へ向かう新幹線の中で私は腹を決めた。

民俗学者らの文献や、伝承ものの書籍には、夜這いについての記述がいくつもある。宮本常一の『忘れられた日本人』に収録されている「土佐源氏」は現在の高知県檮原《ゆすはら》町で〝乞食小屋に住む元ばくろうの老人〟から聞き取った昔話で構成されているが、この老人の父親は、母の〝夜這いの相手〟だった。

おなじく同書収録の「世間師」では、宮本の故郷である周防《すおう》大島でふたりの老人から聞き取りを行っている。このうちひとりは江戸幕府によって長州征討が行われた1865年に14歳だったという男性だが「戸じまりが厳重になったため、娘のところへ夜這いに行けなくなってしまった」とある。

また民俗学者の赤松啓介は『夜這いの民俗学・夜這いの性愛論』で、実際にさまざまな村へ足を運び、ときには村のコミュニティに入り込んで、夜這いについて聞き取りを重ねていた。ともに夫の転勤で徳山へ来たという向谷喜久江と島利栄子によって記された『よばいの

『証言・周防の性風俗』では、山口における夜這い文化について、老人たちに聞き取りを行っている。ここには「山間部の部落には、若衆宿が、昭和の初めごろまであった」とある。若衆宿とは、その集落で一定の年齢に達した男子たちが集まる場所で、規律や生活上のルールに加え性的な事柄も伝えられていた一種の教育施設だ。こうした文献に照らせば、金峰地区にかつて夜這い文化があったとしても全く不思議ではない。

だが戦中まで、となるとどうだろうか。

# 郷

「金峰地区の郷集落」は、山口県周南市の北部にある山村だ。

その周南市は山口県東部に位置し、重化学工業を主な産業としている。2003年に徳山市、新南陽市など2市2町が合併し発足した。南側の臨海部に広がる工場群は現在「周南コンビナート」と呼ばれ、遊覧船による夜景ツアーが組まれるなど観光名所のひとつとなっている。ここは明治時代に旧海軍の石炭燃料基地が設けられたのち、石炭が石油に代わり石油化学工場が発達。昭和初期には海軍の燃料廠《しょう》や有機・無機化学、鉄鋼などが集積する工業地帯に成長した。1964年には工業整備特別地域に指定され、隣接する下松《くだまつ》市、光市とともに重化学工業の拠点としての本格的な整備が進み、製造品の出荷額は山口県の5分の1を占めている。

JR徳山駅はこの「周南コンビナート」の港沿いを走る山陽本線と、東京から博多へ続く山陽新幹線が停車する周南市の中心駅だ。駅名には合併前の都市名がそのまま残る。東京から新幹線で4時間以上かかるが、それでも空路を使うより手っ取り早い。県東部の岩国錦帯橋空港から郷集落までは50キロ、西部の山口宇部空港とは90キロも離れているため、乗り継ぎにかかる時間を考えると、やはり新幹線一択になる。

駅から市街地と反対側に向かって数分歩いたところにある徳山港には、太平洋戦争で海軍が開発した人間魚雷「回天」の実物大レプリカが展示されている。ここからフェリーに乗って30分ほどの距離にある大津島に、かつて回天の整備工場と訓練基地があった。今も島には記念館があるが、そこを目指しているとおぼしき観光客の姿はない。

港の反対側は中心市街地だ。とはいえその規模は小さい。地方都市の宿命か、駅前のアーケード街に人はまばらで、半分以上の店舗がシャッターを閉じていた。そんな中にも、銀行の支店や市役所、新聞社などが建ち並び、夜は酔客でささやかな賑わいを見せる。

瀬戸内海に面しているため気候は温暖で、冬でも晴れる日が多い。滅多に雪も積もらないというが、対して北側は中国山地の一部にあたり山深く、積雪も珍しいことではない。目指す金峰地区は、北側に属する。臨海部の主要産業が重化学工業であるのに対し、北側はぶどうや梨の栽培をはじめとした農業が栄えている。

２０１７年1月、私は徳山駅の近くで車を借り、金峰地区に向かった。

周南市に私鉄はなく、ＪＲ山陽本線も湾岸部しか走っていないので、住民は移動にバスか車を利用している。地元のバス会社はあるにはあるが、運行網は金峰地区から9キロほど離れた場所で途絶えていた。そこからタクシーを探すより、徳山駅から車を走らせた方が早い。

新幹線の中でスマホのアプリを立ち上げて天気予報をチェックすると、週末には寒波が押し寄せ、日本海側に大雪が降ると告げていた。そのせいか、ダウンコートを着ていても寒い。

車を3キロほど走らせると、あっという間にスーパーや飲食店は姿を消し、両側と前方にこんもりとした山が広がり始めた。道幅も狭くなるが、それでも綺麗に舗装されている。ここでようやく、ガードレールが白でなくオレンジ色であることに気がついた。山口県は1963年の山口国体開催にあたり、特色のあるものを作ろうと考え、ガードレールを県特産の「夏みかん」色にしたのである。

オレンジ色のガードレールが両側に立つ片側一車線の山道は、時折くねくねと急カーブを切らねばならないが、15分ほど走ると、ようやくコンビニと開けた小さな町が目に飛び込んでくる。金峰と徳山市街地の間にある、唯一の町だ。ここで飲み物を調達し、さらに国道で北に向かう。

すぐにまた道の両脇を山に囲まれ、先ほどまで快晴だったのが嘘のように空が曇り始めた。家も店もない道をしばらく進むと見えてきたのは菅野湖だ。ここにかかる細く古い橋を渡り、湖沿いの県道41号線をひたすら北上する。バス釣りのメッカのようで、ボートを曳いたクルーザーが何台も停まっていた。下流にスロープがあり、ボートを湖に降ろせるようだ。

車の西側には深緑色の湖面が広がり、東側の山肌には草木が生い茂っている。まだ徳山駅から30分も走っていないのに、ここまで山深くなるかと驚いてしまう。しかも舗装が悪い。濡れた路面はでこぼこで、ところどころ深く大きな穴が空き、水たまりができていた。スリップして湖に落ちやしないかと少し怖くなった。

それでも、湖沿いのボロ道を抜けると、また普通の道路に戻る。ここまで徳山駅から40分ほど。距離にして20キロしか離れていないが、見渡す限り、山と田畑が広がる田舎道で、もうコンビニなどどこにもない。

ところが「金峰の郷集落」にさしかかる直前の少し開けた平野を走っていると、突如として銀色のUFOと巨大な象が目に飛び込んできた。その脇には「宇宙ステーション」という看板が立っている。

まだ郷集落にも着いていないのに、思わず車を停め、UFOを眺めた。

そういえば、菅野湖沿いを走っているときから、小さなUFO形の看板がいくつも立っているのが気になっていた。そこには手書きで「気をつけて安全運転」など記されていたが、ここ「宇宙ステーション」へ向かうための案内板だったようだ。

木材で骨組みを作り、アルミ板のようなものをかぶせて仕上げをした数機のUFOと象のオブジェの他、幅2メートルはあろうかという巨大な太鼓、木馬も並んでいる。「このブランコに乗ると結ばれる　愛愛ブランコ」という文字が躍った木製のブランコもあった。

いわゆるB級アミューズメントスポットだが、陰惨な事件現場のすぐそばにこのような施設が並んでいると、ただ不気味でしかない。

車に戻ろうとしたところで、現れた作業着姿の男性に手招きをされた。すべて手作りだという、この「宇宙ステーション」の生みの親だった。保見と同い年だが、金峰地区に住むものではなかった。


気をとり直して、先に進む。木々の生い茂る薄暗い道を数分行くと、ようやく着いた。周南市・須金・金峰地区の郷集落だ。

事件当時、ここは「携帯電話も通じない限界集落」だといわれていたが、実際に足を運ぶと、ほとんどの場所で携帯電話のアンテナは立った。

保見光成の家は、地区名の由来にもなった一千年以上の歴史を持つ金峰神社の参道前にある。ここが郷集落の入り口だ。家は二棟あり、色あせた薄紫色の壁が目立つ新宅と、茶色のベニヤ板でできた本宅が、土壁のガレージを挟んでいる。本宅からガレージにかけられたブルーシートは劣化して破れ、風にあおられるたび、焦げ跡のある家の壁や、倉庫の中がちらちらと見えた。

保見が関東から戻って来た際に自力で作ったという新宅のまわりには、冬なのに雑草が生い茂っていた。草をかき分け、白い門扉《もんぴ》の前に立つ。右脇には茶色い壺や人形のオブジェが、空っぽになって倒れた植木鉢とともに雑然と並んでいる。門の奥にはガラス戸の出入り口があるが、上半分は簾《すだれ》がかかっていて中は見えない。左方に目をやると、陶器でできた大道芸人の人形が置かれていた。

その奥に立つポストはガムテープで塞がれていて「郵便物は入れないでください　当方へ御用の折は、お手数ですが下記にご連絡ください」と、携帯電話番号のようなものが書かれた紙が貼られている。その場でスマホを取り出し電話をかけてみると「現在使われておりません」のアナウンスが流れた。昔は通じたのだろうか。

少し下がって全景を見れば、雨どいを支える柱に、CDが貼り付けてあった。再び近づいて目をこらすと、ちょうど保見が金峰に戻って来る直前である1993年に松任谷由実がリリースしたアルバム『U-miz』だ。これを玄関に貼る意味は全くわからなかった。

土壁のガレージは車が二台は停められる大きさで、シャッターはついていない。破れたブルーシートを少し開けて中を覗くと、汚れた国旗や工具、工具箱、段ボールやタイヤ、窓枠などで散らかっていた。上部にかけられた針金にも、ザルやブリキの薬缶《やかん》といったさまざまな道具が吊られている。幅が30センチはありそうな、片刃のノコギリのような、見慣れない刃物もぶら下がっていた。隣に無造作に置かれた資材の上には鳥かご。中には、オウムのぬいぐるみ。新宅、本宅ともに庇《ひさし》にはセンサーライトらしきものの残骸が残る。

本宅の出入り口、引き戸の脇に表札はなかったが、上にはロールス・ロイスのプレートと、可愛くデフォルメされた熱帯魚のオブジェが貼り付けられていた。

その右側には、かつてあの貼り紙が貼られていた窓がある。

「つけびして　煙り喜ぶ　田舎者」

これもすでに剝《は》がされていた。

ガラス窓は汚れ、かなり曇っているが目を凝らして中を覗くと、すぐ前に壁があった。11時20分で時を止めた古時計のまわりに扇子《せんす》が6枚かけられていて、下に備えつけられた棚の上には陶器の酒樽が置かれている。その脇にあるスリッパ立てには、きちんとスリッパが4組揃えられていた。住む者を失った住居特有の寂《さび》れ具合を醸《かも》し出していたが、事件がなくとも、家主の個性がにじみ出ている家だったことだろう。

近所を歩き回ってみる。隣には、保見光成に撲殺された後、家を燃やされた山本さんが住んでいたが、いまは雑草生い茂る空き地になっており、家の跡形もない。同じように撲殺された後、家に放火された貞森さん夫妻が住んでいた場所には、小型ユンボが置き去りにされ、その脇に真っ黒に焦げた木材が積み上げられていた。3年半経っても、事件の痕跡は集落の中にまだ色濃く残る。

郷集落の入り口の交差点では、私が通ってきた南からの県道41号線と、東西に延びる県道9号線がぶつかる。ごくたまに、9号線を大型トラックが轟音を立て猛スピードで走る以外は、ほとんど車も通らない。村人も誰ひとり、歩いてはいない。

道沿いに流れる小川のせせらぎと、山の葉の擦れる音がざわざわと鳴りつづけているだけだ。空は晴れたかと思うと雲が広がるというせわしない状態を繰り返しているが、晴れているときでも山が太陽を遮《さえぎ》り、道が陰《かげ》る。路面は、やはりところどころ濡れていた。空気は刺すように冷たく、湿っぽい。私は山口県の隣、福岡県の出身だが、同じ西日本でもここまで寒さが厳しいとは思っていなかった。

保見の家のはす向かいにある、砂利が敷き詰められた広場に車を移して停めた。ここにはかつて廃屋があったというが、いまは更地になっている。事件当時は規制線が張られていた小さな橋を渡って、住宅地図を手に、郷集落を奥へと進む。車が一台しか通れない細い道が、小川に沿って延びていた。徳山の市街地よりも寒さが厳しく、少し歩くだけで冷えが身体中に広がる。足の先は感覚を失い、手が動かなくなってきた。

一軒一軒、訪ね歩いても、誰も出てこない。橋を渡ってすぐ右側にあるオレンジ色の瓦の二階建て家屋は、一階がガラス張りで商店のような趣《おもむき》があるが、中を覗いてみたところ、生活用品が雑然と散らばり、すでに空き家になっているであろうことは想像がついた。

その向かいに延びる石段を登ると、小さな寺がある。寺の前の砂利が敷き詰められた場所に、タイヤ痕を見つけた。誰か頻繁に来ているのだろうか。期待して寺務所の門を叩き呼びかけたが、誰もいない。再び細い道に戻って、集落を奥へと進んだ。

道の片側に流れる小川は、冬でも雑草が高く生い茂っている。その反対側にある山を切り開き、古い家屋が点在していた。どの家も車が一台やっと通れるような私道を少し登ったところに建てられていて、脇にある車庫兼倉庫には農機具や薪《たきぎ》などが置かれていた。古い家屋の作りはだいたい同じで、ガラス引き戸の玄関の脇に、両開きの掃き出し窓が並んでいる。

寺の隣には、本来は公民館だという古く小さな木造の建物があるが、鍵がかかっていて、使われている形跡はない。脇には、殺害された河村聡子さんが名付けたという「金峰杣の里交流館」。集落にある建物の中では一見して築年数が浅く、大きい。保見が逮捕されるまで、村人たちが避難していた場所だが、ここも扉には鍵がかかり、窓は雨戸が閉められ、ひっそりとしている。


郷集落に着いてから人に行き合っていないし、どの家にも人の気配がない。

心細くなりながら、小川沿いの道をゆっくりと進む。気温が低すぎるせいか、手に持っていたスマホは突然電源が落ち、動かなくなった。小川の反対側には、この道路よりも少し高い位置に県道9号線が沿っている。あの県道からは村の家々が見渡せる。事件発生時は中継車が停まり、テレビもそこから村の遠景を捉えていた。

さらに細い道を東に進むと左手の高台に家が見えた。見上げると、グレーのトタン屋根一面に『魔女の宅急便』のキキが箒《ほうき》にまたがっている絵が描かれている。さきほどのUFOに負けず劣らずの不気味さだ。玄関前には旭日旗が掲げられ、引き戸の前に置かれたホワイトボードに夏目漱石、福沢諭吉などの名前が書かれていた。すりガラスの引き戸の奥には蛍光灯のあかりがちらちらと見える。

今度こそ人に会えるかもしれない。扉を叩いて「こんにちは!」と外から呼びかけた。ところが、そのたびに中からテレビとおぼしき音がどんどんと大きくなっていく。4回ほど呼びかけたころには、騒音レベルにテレビの音が大きくなってしまった。真昼なのに薄暗い村を歩いているだけでも怖いのに、この家人の対応にいっそう怖さが増したので、声をかけるのを諦めた。

郷集落の東の端にあるのは、河村聡子さんとその夫、二次男さんの家だ。そこを目指して『魔女の宅急便』の家を離れ、草の生い茂る川沿いを再び歩くと、背の高い木がみっしりと植えられた私道を登った山側の高台に、誰も住むもののいなくなった石村文人さんの家、そしてもう一軒の二階建ての家があった。こちらも不在だった。

石村さんの家には空気を入れ替えるために家族が時折訪れていると聞いた。すりガラスの引き戸の奥は真っ暗だ。古く黒い木で作られた表札に「石村文人」と大きく書かれている。その石村さんは3年半前、この引き戸の奥で、保見に頭を何度も殴られ、絶命した。

保見はこの引き戸を開ける時、何を考えていたのか……。

隣の家の犬がけたたましく吠えた。さっきの道に戻ろう。

この先には河村二次男さんがいるはずだ。もしも河村さんが不在なら、今日は郷集落での取材はかなわない。細い道に戻り、さらに先を目指すが、草が鬱蒼《うっそう》と生い茂り、廃道のような趣になってきた。この先に住居があるのだろうかと焦りが募り始めた頃、ようやく家らしきものが見えてきた。大きな物置のようなものが置かれたガレージのそばには、まだ艶《つや》のある御影石《みかげいし》の墓。玄関引き戸の脇には「キンポー整体院」「札所（六代目）」と毛筆で描かれた木の看板が置かれている。

引き戸の前から呼びかけるとしばらくして高齢の男性が、玄関横の窓を開けて姿を見せた。がっしりとした上半身をしていて、目はギョロッと大きく、出目金《でめきん》のようでもある。

「3年前の事件のことを、いま取材している者です。東京から来ました。お話を聞かせていただきたいのですが……」

ダメ元で切り出すと、男性は言った。

「いま扉開けるから、中に入りない」

その男性、河村二次男さんは事件当時、友人たちと愛媛県へ旅行に出かけていた。

「(保見は) 早《はよ》う死刑になればいいと思うちょる。でも弁護士のアレで。やってなかったって言いよるけど5人も殺しとるんやけ。火までつけちょるのに。山口で最終弁論があったときにわれわれもいろいろ言ってアレしたけど、やってないっちゅうことはない。犯人はわかっちょるし、火もつけとるんやしね」

方言と、河村さんの滑舌の悪さに、何を言っているのかよく聞き取れなかったが、根気よく1時間も話を聞くと、少しずつ聞き取れるようになってきた。

「片目にもなっちょるし。こっちは目が見えんし。事故でね。鼻水が出そうになるとかむけど、そのとき耳の鼓膜がいってね。診療所行ったら『あんまり聞こえん方がいいですよ』って。あははは」

かつて車の事故で頭部を負傷し、右目を失明したそうだ。あっけらかんと語る様子に面食らった。たしかに両目の視線の先が合っていない。それでもガレージに停めてある軽トラックを運転するというから驚いたが、この地では車の運転ができなければ何もできないのと同じである。

通された応接間には、壁にびっしりと写真やカレンダーが飾られている。孫娘と笑顔で並んだ写真も大きく引き伸ばされて、貼られていた。山の頂上で撮影された集合写真もある。河村さんはこのとき79歳だと言っていたが、背筋も曲がっておらず、体つきもがっしりしている。かつては活発に友人らと外に出かけていたのだろう。ガラス戸棚の中には、聡子さんに宛てた孫娘からの手紙があった。整体に関する書籍も並んでいる。公務員を定年まで勤め上げたのち、整体の学校に通い、自宅で整体院を営んでいたという。

「わしは天下りをするなと役場で言ってきた。要請があったけど断ってきた。でもそりゃ、定年になったらなんかせんといかん。手を動かしたらボケん、っちゅうからやってみよう、って。1年ほど学校行きまして。60万ぐらいかかったんじゃないかな。1回3000円でやりよった」
こうした四方山《よもやま》話を聞きながら、私は〝夜這い〟について河村さんにたずねる機会を窺《うかが》っていた。編集者が持っていた記事にはこうあったからだ。

──私【保見光成】が金峰に戻ってきた直後、竹田（仮名）が、『おめえの兄貴にはイジメられたぞ』って言い始めた／時を同じくして、近隣住民に道で無視されるといった些事から、農機具を燃やされ、挙句に刃物で切りつけられたりと／数多の〝事件〟が起きたという／先の大戦当時、10代半ばだった保見の兄は、母親に言い寄る徴兵忌避の男を追い払い家を守り抜いた。実は、その男の長男こそ、帰郷直後の保見に「兄貴にはイジメられたぞ」とからんだ竹田だったという──

記事の中で「竹田」という仮名をあてられ、年齢も伏せられている「強姦魔の息子」とは、いったい誰か。最初に手掛かりになったのは「事件後、金峰周辺の人々は、陰でこう囁き合った。『竹田こそが保見の本命じゃったろうに……』」という記述。この書きぶりから察するに、「竹田」は殺害された5人ではなく、7人（事件当時）の生存者の中にいる。
次に、「兄貴にはイジメられたぞ」発言。保見は、山口地裁の一審公判でも、同じ台詞を口にしていた。

「『お前の兄貴にはいじめられたぞ』と、カワムラさんに言われました」

強姦（夜這い）についての発言はなかったが、相手の名前を挙げていたのだった。

となれば、いま郷集落で生き残っているカワムラさんは目の前にいる河村二次男さん、ひとりしかいない。

いよいよ私は聞いた。

――戦時中は、河村さんのお父さんも兵隊に行かれていたんですか？

強姦魔は、徴兵忌避の男だったと記事にあったからだ。

「親父は、背が低すぎて（徴兵）検査に落ちたから兵隊にとられなかった」

なんと。忌避ではないが、河村さんの父親は戦争に行ってなかったのだという。

では、河村さん自身は「父親による強姦」が原因で保見の兄にいじめられ、そのことを保見に言ったことがあるのか？

「バカ言っちゃいかん！　そげなことはいまはじめて聞いた」

記事の存在を全く知らなかった河村さんは憤慨した。

ここでようやく持ってきた記事のコピーを河村さんに見せながら、取材の目的を明かした。

すると、しばらく記事を眺めていた河村さんはそこに載っていた「つけび」の貼り紙を指しながら驚くことを言ったのだ。

「これ、うちのうしろに火をつけられたことがあるんですよ。わしはそれじゃないかと思うんですよ。家の前に貼ってる。ここに火をつけて2、3日で貼っちょったね。家の一番よく見えるところに貼っちょった。下手くそな字でね」

そしてこう続けた。

「ぼくが思うに、それは犯人が違うと思うんや」

保見は事件の時に二軒の家に火を放ったとされているが、他にも火をつけるような村人がいたのか？

「うん、悪いやつおったんよ。それは他人から見たら、わしも悪いんかもしれんけど」

事件の痕跡を色濃く残した郷集落のたたずまいや、『魔女の宅急便』の屋根の変な家もあいまって、ガスストーブがついているのに、背筋がうすら寒くなってきた。

家を出る時に河村さんは表まで出てきて、見送ってくれた。ガレージの中にある物置のようなものはシイタケを乾燥させる機械だと教えてくれた。真新しい墓は、やはり聡子さんのものだった。

「あいつ《妻》が先に入っちゃった」と河村さんは言いながら、目元をこすった。

その後、近隣の集落の村人たちにも話を聞いて回ったが、皆、河村さんと同じことを話した。「河村さんの家の風呂場が焼けた」が、その犯人は「保見ではない」と。

「金峰の夜這い」についても、夜這いそのものが金峰地区にあったらしいことは分かったが、戦中の夜這い（強姦）を巡る河村家と保見家の禍根《かこん》について知っている人はいなかった。

またそもそも、河村さん自身「長男」ではなかった。

「兄貴は、公務員やなんかやりよった。39（歳）で交通事故で死んだから、そんで帰った。それまで、わしは外に出とった」

件《くだん》の記事は、保見の虚偽の言い分をもとに作り上げた記事だった可能性が高まった。

私は東京に戻り、取材で得た話を原稿にまとめた。だが、一向に記事は掲載されず「送り」になることが続く。いったんはその月刊誌で企画として動き出したが、掲載のタイミングがないのだ。発生からすでに何年も経っている事件では、その裁判に動きがあったときか、もしくは刑が確定したか、あるいは、死刑判決を下された犯人に死刑が執行されたときしか、掲載のきっかけはない。しかし掲載が延びれば原稿料の支払いも先送りとなる。「送り」が3回続いたとき、私はこの記事を「非掲載」にしてもらい、別の実話誌に掲載してもらうことにした。

こうして「山口連続殺人事件」の仕事はひとまず終わったのだが、私には1月の取材を通じ、もっと事件を掘り下げたいという気持ちが湧き起こっていた。

いや、事件というよりも、村人たちの話の不吉さが頭から離れず、この不気味な村の正体を知りたくなったのだ。

「つけび」貼り紙の発端となったのが、河村邸放火事件だったことにも驚いたが、村人たちはこんなことも話してくれていた。

「何回かあったらしいよ。何かにつけてケチつけてたけね」

なんと、郷集落での火災は一度ではないというのだ。

こう話す村人もいた。

「皆殺されて、おらんようになったから、幕引きはできた。わしはほんとに安心して生活できるようになったよ、わし自身は。いまはもう鍵はかけんけど、鍵をかけ忘れるときも別にどうっちゅうことないし、倉庫の鍵をつけたままにしとっても別に何も盗《と》られることもないし。以前はそんなことしよったら何も（かも）なくなりよったからね」

まるで事件のおかげで村に平穏が訪れたかのような口ぶりなのである。「皆が家族みたいに仲良しだった」集落で、「鍵をかける者などいなかった」という報道に接していた私は、また驚いた。

さらには、保見について周辺集落を尋ね歩いた時、こんな話も聞いていた。

「親父がコレじゃったけね」

人差し指をフックのように丸めながら、ある村人は言う。

保見の父親が泥棒だったというのである。

そしてまたある村人は、こちらが真顔で事件のことを尋ねているのに、「夏はね、亡くなった山本さんやら貞森さんやら、石村さんやらとね、ホタルでも出たらね、夕方に『ホタル見よう』ゆうてから、仕事から帰ってね、おかずの一品でも作って、皆で集まってビール飲みよったけど。みーんな、その仲間は、殺されてしもうたね。あははははは……」と、なぜか高らかに笑うのだ。その口元は、どうやって食事をしているのだろうかと思うほど、歯が残っていない。

いったい、この村はなんなのだ。

保見が事件を起こす前から、泥棒や放火といった悪事が日常としてあったのか？

一方、保見に対する具体的な〝いじめ〟についても、このとき村人たちに尋ねていたが、確たる証拠は得られなかった。

たしかに判決でも、近隣住民による保見への「うわさ」や「挑発行為」そして「嫌がらせ」は、保見の思い込みであり、徐々に妄想を深めて村人たちを恨んだ結果、起こした事件だった……と認定されていることは先に書いた。

そうはいっても、完全に妄想だけでこれだけの事件を起こすだろうか。

公判を傍聴した中にも、その疑いを抱いた者がいた。旧知の傍聴マニアのひとりだ。いじめがあったのではと考えたそのマニアは、関東から山口地裁まで傍聴に出向き、いくつかの期日の審理を傍聴していた。保見が具体的な話をしていなかったか尋ねたところ「犬の水飲みバケツに農薬を入れられた……とかは話してました」という。だが、他にはさっぱりそれらしい話をしなかったというのだ。

「『何をされましたか』って公判で質問されたら、やっぱり刺された話をするもんじゃないですか。貞森さんから刺されたことは事実ですから。でも、その話はしてないんですよ。『街宣車が来ると、家の前で心を入れ替えなさいと言われる』とか話し始めるんです。家の前でかならず『心を入れ替えなさい』と同じところをテープで大音量で流されるって。そういう妄想の話しか出てこなくて、肝心な話をしないんですよ」

また保見は公判で「自宅で作っていたカレーに農薬を入れられた」という話もしていたのだが、よく聞けばそれが〝いじめ〟かどうかは、怪しかった。

「一カ月分まとめて七輪で作るんです。普通に考えると、一カ月分作ったら、最後の方は腐ってしまいますよね。冷蔵庫に入れるでもなく勝手口で作っているんです。そのカレー鍋に農薬を入れられて食べて死にそうになったって保見は言っているんだけど、それは農薬のせいじゃなくて腐ってたんじゃないか？　って聞いた方は思うじゃないですか」

私が当初期待していたほど、公判で保見は〝いじめ〟についての詳細を語ることはしていなかったのだ。

保見と同じように、閉ざされた集落に住むひとりの人間が突如として近隣の者たちを皆殺しにする事件を、私は他にも知っていた。1938年に岡山県津山市の貝尾部落で起きた「津山三十人殺し」である。実際、山口連続殺人事件を〝平成の津山事件〟と報じたマスメディアもあった。

田舎の集落で、周囲に馴染めないひとりの男が突如として村人たちを殺害してまわる……たしかにふたつの事件は似ている。津山事件の犯人は、当時21歳だった都井睦雄《といむつお》。匕首《あいくち》と日本刀、九連発ブローニング猟銃を携え、自宅で祖母の首を刎《は》ねたのを皮切りに、わずか一時間半の間に30人を殺害し、近くの山で猟銃自殺した。山中へ逃げた保見光成は自殺まではしなかったが、このふたりが、自らも暮らす集落の人々に対して、強い嫌悪感を抱いていたことは共通している。

『津山三十人殺し』（筑波昭）によれば、都井は3通の遺書を残しており、そこには集落の人々への恨みが綴られていた。一部の村人は都井が患っていた病気を毛嫌いし「あれは肺病じゃ」などと言っていたといわれる。

対する保見は、事件の2年前の元日に周南警察署を訪れ、「地区で孤立している。集落で悪口を言われている」などと、のちに殺害することになる被害者たちの名を挙げていたほか、逮捕直後にも、近所の人の名を挙げて「うまくいってなかった」と語っていた。

だが、それよりももっと共通点を感じる大量殺人事件を私は過去に傍聴したことがあった。2004年に兵庫県加古川市で発生した「加古川七人殺し」だ。8月2日の午前3時半、当時47歳だった藤城康孝《ふじしろやすたか》は突如、肉用牛を解体する特殊な包丁で近隣に住む親戚らを次々に刺してまわり、7人を殺害したのち、自宅に放火。あらかじめガソリンを満載しておいた車に乗り込み走り出した。やがて車を近所の路壁にぶつけて自殺を図るが、燃える車のなかから警察官に引きずり出されて逮捕された。

保見の逮捕のニュースに接した際、私は津山事件でなく加古川事件を真っ先に思い浮かべた。2009年に神戸地方裁判所で論告弁論を傍聴した際、検察側が近隣住民との諍《いさか》いについて述べたことが印象に残っていたからだ。


「周辺は古くからの農村で人間関係が濃密。ささいな出来事も話題にのぼり、噂になる土地柄です。被告人一家は権利関係があいまいなまま、本家の土地の一部に住み続けていました。また被告人は近所でもけんかっ早くて有名で、定職につかず、被告人の父は昭和62年に『年金をひとりで使いたい』と家出します。しかし周りには『被告人の暴力から逃げる』と嘘をつきました。被告人の兄弟は自立しており、母親が靴下製造工場でパートとして働き、生計を立てていました。

被告人は当時、老齢の母とふたりで暮らしており、常にうわさ話の対象となっていました。被告人の母はこう述べています。

『夫が家にいた頃まではあまりにも露骨なうわさ話はありませんでしたが、夫がいなくなってから格好の噂の対象になりました。遠慮もなくなり、外出時には親戚や周囲の住民が井戸端会議をしていました。挨拶をしても返さず、声を潜めその場を離れて行きます。娘も「あの人ら何なん。いつも悪口言ってる」と言っていました』

また被害者のひとりと立ち話していた近所の女性は『被告人の姿はたまにしか見かけませんでした。平日の昼も家にいるようで、まともに仕事もしてないこともわかっていましたが、何か仕事しとるんやろか、と噂していました』と述べています。このような環境で被告人は周囲が自分を見下していると考え、怒りを募らせていったのです」

藤城に対しては、保見よりも念入りに精神鑑定が行われた。一審・神戸地裁では弁護側請求による鑑定と、検察側請求による鑑定。二審・大阪高裁では裁判所が職権で鑑定。一審弁護側請求鑑定と二審の鑑定では、保見と同じく「妄想性障害」という診断が下された。だが、それに伴う責任能力の有無については、保見とは扱いが異なった。

一審弁護側請求鑑定で「完全責任能力を否定」し、二審の鑑定でも「判断能力に著しく障害があった」と責任能力が限定的であったとされたのだが、神戸地裁も大阪高裁も、完全責任能力があったと判断したのだ。最終的に最高裁でも「妄想性障害はあったが完全責任能力はあった」と認定されている。それでも近隣住民による「うわさ」や「挨拶をしても返さない」などのいじめが存在した〝事実〟については検察側も認めていた。

集落には、それぞれの集落に固有の性質があるだろう。ひとくちに〝村八分〟といっても、その村の個性により、内容も異なるはずだ。先のふたつの事件では、都井に対しては直接的な悪口、藤城に対しては陰口や無視といった行為だった。
では、保見に対してはどうだったのか。1月に触れた郷集落の不気味さの片鱗だけでなく、村の本当の姿を知らなければ、保見の感じていた疎外感を知ることもできない。

*

保見光成は1949年12月に郷集落で生まれ、地元の金峰小学校に入学。鹿野中学校を卒業後、岩国市内で数年働いてから上京し、先に上京していた長兄とともに仕事をしていた。17歳の頃にボクシングを始め、ジムを何度か移ったが、そのうち兄とやっていた仕事を辞め、ジムに住込むようになった。その後、パチンコ屋でも住込みで働いていたという。
山口地方裁判所で行われた裁判員裁判の検察側被告人質問（第七回公判）で、保見は自らの経歴を問われ、こう語っている。

検察官「金峰を出たあと、関東ではどのような仕事をしましたか？」
保見「いろいろあります。石貼り（タイル）、のろ貼り（セメント）、軽天（天井）、建築に関すること、ほとんど。住込みのパチンコも、あっ、すし屋……」

ときは、高度経済成長期。若い労働者が金の卵としてもてはやされた時代だ。左官や土木建設業を中心に、保見はさまざまな仕事を渡り歩いた。

「東京では、やればやるだけ金がもらえた。当時は月200万の収入があった。貯金は1500万ぐらい」

全盛期は、仕事場にシュラフを持ち込み、夜になるとそこに潜り込んで眠り、目覚めてすぐに現場仕事に取り掛かる、という生活をしていた……と、村人たちは保見から聞いていた。だが、本当にずっとそんな調子で稼げていたかは、分からない。

「身体の調子が悪いから、戻ってきてほしい」

父親の友一《ともいち》からこんな連絡を受け、郷集落に戻ることを決めた保見は、1994年10月、本宅に隣接する元駐在所の土地を、その所有者であり事件の被害者となった石村文人さんから購入。当時住んでいた関東と金峰を往復しながら自力で新宅を完成させた。1996年5月、拠点を金峰地区に移し、両親との3人暮らしが始まる。このときには1000万円の貯金があったという。

石村さんから購入した土地の登記簿を確認すると、郷集落に戻る直前の、保見の住所が確認できた。神奈川県川崎市多摩区のアパートだ。京王・JR両線の稲田堤《いなだづつみ》駅から北東に1キロほど進んだその場所を訪ねたが、すでにアパートはなくなっていた。

古い平屋住宅、低層階の古いマンションやアパートが建ち並ぶ中に、造園屋や工務店などが点在している。真新しい建売の戸建てが、ところどころに出来始めていた。

「あいつのタイルの親方がこの辺にいたんだけど、引っ越しちゃったんだよな。職人としての腕はよかったよ。やっこさんが住んでたところの隣に3階建てのマンションがあるのよ。そこを奴がやったんだよね。外壁を」

当時の保見を知る男性は言った。たしかに、アパート跡地のすぐそばに、1991年3月に建てられたクリーム色のタイル張りマンションがあった。仕事は順調だったようにみえるが、このマンションが完成して数年後には「親が身体の調子が悪いから、家に帰んなきゃなんねえんだ」と言い、郷集落に戻ってしまった。

保見はこの地に住んでいた当時、稲田堤の駅前に古くからある焼き鳥屋の常連になっていた。その店主である森夫妻（仮名）は、保見と同年代で、仲が良かったという。保見が住んでいたアパート跡地の近所にある森さん宅を何度か訪ね、奥さんに話を聞くと、「あの事件があったときは田舎（山口）からも取材が来てたのよ」と言う。

現在、森夫妻は自宅で甲斐犬のブリーダーをやっており、奥から何頭もの犬の鳴き声がけたたましく響いてくる。せわしない雰囲気の中、立ち話で取材に応じてくれた。

「私もお店（焼き鳥屋）に出ていて、当時子供も小さかったから、ホミちゃんに見てもらったりなんかしていたんです。その当時、別にホミちゃんがどこか異常だとか感じたこともなかったしね。ただなんか神経質っていうかなぁ。仕事は熱心だし、真面目だし。真面目なんですよ。だから逆に真面目だからこそ、融通《ゆうずう》がきかないってのはあった。でもそれって、男でも女でも、人によって性格ってあるじゃないですか」

森夫妻が切り盛りしていた焼き鳥屋に、保見がタイル職人の親方に連れられて来店したのがはじまりだった。

「ホミちゃんが働いてるとこの従業員の方とか、社長とか、一緒にお店に飲みに来たり。この家にも飲みに来たりなんかして、家族ぐるみの付き合いしてたね。『あいつは気は短いけど、でも気持ちはいいぞ』って社長は言ってました。私もホミちゃんのところに遊びに行ったことあるけど。だけど別にどうってことないし、ちゃんと洗濯もきちっとしてるし、店の支払いもきちっとしてたからね、そういう付き合いはしてたんですよ。あんまり変な人だとね、うちも子供が女の子だから付き合えないし。

ホミちゃんは、仕事が早く終わっちゃうと『一杯飲ませてくれ』とか、早い時間に店に来て喋ってたり。でも仕込みなんかで私たち夫婦は忙しいから、酒も出してる暇ないからね。だから自分で出して、伝票も自分でつけてくれてたり。そんな感じでみんなで和気藹々《わきあいあい》とやってましたよ」

5人を殺害した保見だが、もともとは普通の男性だったのだと、彼女はそんな話を繰り返した。反論すると強固に主張し続けられそうだったので、相槌《あいづち》を打つばかりで聞いていると、

「ホミちゃんに会ったら言っといて。稲田堤のババアが年取ったって。娘は大きくなって孫もできたよ、ホミちゃんありがとうね、って」。

ちょうど家の奥で電話が鳴り出し、ここで話は途切れてしまった。

稲田堤に住んでいた頃の保見は、タイル張りの仕事に精を出し、行きつけの焼き鳥屋で交流の輪を広げ、仲の良い友人と一緒に釣りに行き、その魚を近所におすそ分けもする、でも頑固で細かいところもあった、普通の〝職人のおっちゃん〟だった。

では、戻ってからはどうだったのか。

# ワタル

1月と同じように、徳山駅から車で菅野湖沿いの県道41号線を北上する。6月下旬ともなると、山から生い茂る雑草が伸びてきて、車の側面に葉が触れる音がかさかさと車中に響く。たどり着いた金峰地区も同じく、緑が生い茂っていた。

前回訪れたときと村の佇《たたず》まいは変わっていないが、季節が冬から梅雨になったことで、山の木々や道路沿いの雑草はさらに青々としている。そして、なんといっても虫が多い。歩いていても、止まっていても、走っても、身体中に小さな羽虫がまとわりついてくる。何をしていても虫たちが耳元で小さな羽音を響かせ、とくに顔に集まってくるから堪らない。小さな叫び声をあげるが、周りには誰もいない。手に持ったタオルで顔に寄ってくる虫をはたきつつ、郷集落や近隣の集落を訪ね歩いた。

保見光成は、もともとの名前を「中《わたる》」という。

そのため村のものは皆、保見のことを「ワタル」と呼んで話す。

事件直前のワタルは、関東に住んでいた時の人物像とはまるでかけ離れた攻撃的な村人として、郷集落で敬遠されていた。妻の聡子さんを殺害された河村二次男さんが言う。

「うちの田んぼがワタルんちの前にあった。そこで女房が仕事をしとると、ワタルが家から窓開けて、歌を歌うて、おびくわけ。おびく、っちわかるかな。罵《ののし》る、ちゅうこと。カラオケでギャーンと流す、そういうことしよった。女房は『気持ち悪い』っちゅうけど、わしは『取り合わんがいい』と言いよったんよ。

女の人は集まって井戸端会議とかするじゃないですか。それを、まあ、ワタルの家の前に鳥居があるからね、そこで山本さんとうちの女房が話をしよったら、ワタルが外に出てきて犬の散歩がてら『お前ら殺したろうか』っちゅうわけ。『お前らふたりじゃつまらんけ、もう何人か連れてきてやっちゃろか』と。そういうこと言うわけ。

女房がワタルの向かいの家に行っとるときに車で送って、お宮の前に車停めて、向こう見とったらワタルの家の方向くでしょ。そうしたら『お前、何の用事があるんか』と言ってくる。そりゃあね、わしらも多少、あれやったけど、田舎のものにあげなこと言うたら恐れる。あれは恐ろしい」

道ゆく村人たちに食ってかかり、時には殺害まで仄《ほの》めかす。完璧な〝危険人物〟に成り果てていたようだ。

別の住民も「貞森誠さんがワタルに摑《つか》みかかられた」、「棒みたいなん持って犬を散歩しよった。会うと『10人くらい殺して死のうと思う』とよう言いよった。思いがあったんか、なんなんか。それを、わしはなんでとは問わんよね、怖いから」など口々に振り返る。

「夕方にカラオケかけて歌いよった。5時ごろ出たら歌ってるよ。『およげ！たいやきくん』やらね、そういう歌よ。すごい外に大きく聞こえるように。マイクをこうね。山側のほうに向けてね」

食ってかかるだけでなく実際に暴力も振るい、挙げ句の果てに毎日のようにカラオケを大音量で流して熱唱していたというのだから、たしかにこれは、田舎のものでなくとも、恐ろしい。

一方、当のワタルは一審・山口地裁の被告人質問で、当時の生活パターンをこう証言している。

「最後はわからなくなった。朝5時半、散歩して、家でカラオケ。事件の2〜3カ月前はなんもやってなかった。ボケーとして声を出すこともなかった。人の話を聞きたくない」

郷集落に戻ってきた当初、ワタルが自宅の窯で陶芸をやっていたことを覚えていた村人もいたが、それもいつしかやめていた。

ワタルは村人たちにその言動を不審がられていたが、家の中はそれにも増して不気味だった。地下のトレーニングルームを中心に、自作の〝ポエム〟がびっしりと壁に貼られていたのである。一審公判の証拠調べで、法廷の大型モニターにその様子が映し出されている。傍聴した記者やマニアは一様に、この写真のことを真っ先に挙げ「すごかった」と興奮して語るほどだ。

「何かしなければ全て認めて死ぬことになる　悪者にされ一人死んでたまるか」

「試合である　警察に訴えない　病院代の請求　遺恨残さず」

「あなたの性根の悪さがよく分かる　がまん　がまん　がまん　いつまでどこまで　リオブラボー」

「もんぺ下げ　散歩の亀に　餌をやる」

「無神経　なのに　神経痛」

「玄関前に横たわる　ぴくりとも動かない　仇討ち」

エロと恨みが共存したこれらの不穏な〝ポエム〟は、村人への恨みからくるものなのではないか？　そう一審公判で検察官が追及したが、ワタルは否定していた。こんな調子によってだ。

「ルームの紙は両親が亡くなった後、書いた。どういうつもりでって……つらい気持ちで書いた。見る時はなんともないです。子供がいじめられて日記書くでしょ、死ね死ね死ね死ねとか。

吐き出してすっきりする。そういうもんです」

そうは言っても、すっきりできなかったから事件は起こったのではないのか。

事件直前は村の危険人物に成り果て、草むしりなどの集落の作業にも、自治会の仕事にも参加せず、回覧板も受け取らない生活をしていたワタル。自治会は、ひとり暮らしの者には馴染みのないものかもしれないが、その地に根を張り、他の住民らと共存していくためには重要な組織だ。

自治会では冠婚葬祭や清掃、その他諸々の行事をともに協力して行う。物理的に、作業は増えるが、地域に自分の存在を知ってもらえるため、見守りや防犯といった観点からは安心が得られる。自治会に入らなければ、回覧板も届かなくなり、おのずとコミュニティからは浮いた存在になりがちだ。

ワタルもまた、最初から孤立していたわけではなかった。

関東に出る前の幼少期は、ガキ大将として近所の子供を引き連れて遊んでいた。連れ回されるのがいやで、子供たちはたいてい、ワタルが遊びに来る前に出かけるようにしていたという。その一方で、いじめられていた同級生を守ってあげたこともあった。

1996年5月に郷集落に戻って来たばかりの頃も、いわゆる〝変人〟ではなかったのだ。まず、戻った翌月に自治会の旅行に参加した。その翌月に開かれた自治会による歓迎会にも参加して、自己紹介をし、村人たちの輪の中にすすんで入ろうとしていた。2日連続の公民館行事にも参加した。旅行でのワタルの様子を覚えている村人はいない。ということは、逆に言えば取り立てて何も問題がなかったのだろう。

歓迎会でワタルは、自分がこの地で何をしたいか、村人たちに提案をしていた。

公判を傍聴した先のマニアが、この当時の情報を教えてくれた。

「本人に面接して本鑑定を行った精神科医が、『彼は村おこしに失敗した』と言っていました。その一言だけで、具体的には何に失敗したのか言っていなかったんです。本人は手に職があるからバリアフリーをやってみたり、年寄りが多いから色々と電気の付け替えとか、便利屋さんをやろうと思っていて、戻って来た年に、あの新しい家で『シルバーハウスHOMI』を開業したんです。そこでやっぱり介護とかデイサービスみたいなこともやろうと思ったんじゃないですかね」

ワタルは独力で建てた新宅で、リフォーム業を主とする便利屋を開業しようとしていた。すでに過疎化が進んでいた村を盛り上げたいという意思を持っていたという。実際、新宅は村おこしの拠点にしようというワタルの思いが込められた造りになっている。

「気軽に集まってもらったり、お酒を飲んで歌ったり、話をしたりしたら楽しいよね」

ある村人は、ワタルからそう言われたことを覚えていた。いま草に覆われている新宅の扉の奥には、カウンターバーがあり、カラオケ機器も当初から取り付けられていた。地下にはトレーニングルーム、さらには陶芸のための窯《かま》もあった。ワタルはこの家を村人たちの交流の場として作ったのだ。

日々ドアを開けてふらっと訪れる村人たちと、カウンターでお酒を飲みながら交流を深め、地元を盛り上げるための色々な案を考えていきたい……そう夢見ていたという。

「すごいバーを作って、外は飲み屋のようにネオンがつくようにしちょった。中もお店みたいじゃったよ」

「シルバーハウスＨＯＭＩ」を訪れたことのある村人は言う。

だがすぐに、誰もそこに行かなくなった。

「そうするためには、やっぱり人間関係がないとねえ」

ワタルは自作の新宅を皆の新しい拠点として、郷集落を盛り上げようと希望に胸を膨らませていたが、真っ暗な村に一軒だけネオンが輝くさまは不釣り合いであり、浮いていた。そしてワタル自身も、まず信頼関係を築く前に、近代的な家の設備で村人たちを呼び寄せようとしたことが裏目に出た。「Ｕターンハイ」とでも形容できるような状態になっていたのだろう。

都会から戻ってきた俺が、こんなにすごい家を作ったぞ。これで村も盛り上がる。さあ、皆ここに集まってくれ……。

そんな思いを抱いていたのではないだろうか。

しかし、年長者ばかりのこの村で、それは通用しなかった。やはり村に戻ってきたからには自治会に参加し、数ヵ月に一度行われる草むしりなどの仕事にも精を出し、先輩となる村人たちとの調和を図るのが第一だろう。冷静に見てもたしかに、それらの「手順」を飛び越して村人たちに家に来てもらうという案は強引に映る。

歓迎会の段階から、ワタルは村人にあまり良い印象を抱かれてはいなかった。都会帰りでハイな状態のワタルは、村人たちにとっては、うっとうしかったのかもしれない。この村を盛り上げるためのワタルなりの村おこし……新宅を村人たちの交流の拠点とする案は、あっさりと年長者たちに否定されてしまったのだ。

「最初は、ワタル自身が、外森に相談をしたの。年代が違わんから『金峰おこしをしようじゃないか』と相談をもちかけたのはワタルのほうやね。最初に自治会で出会って、その話をしたと。その時に外森が『それじゃ、ふたりでやろう』ちゅうて。そのままやったらよかったんじゃが、あとのあおりが怖いちゅうんで、外森が手を引いたから、ワタルがひとり悪者になった」

ワタルの村おこしの顚末《てんまつ》を知るひとりは、こう語った。外森さんとは郷集落にある寺の住職で、ワタルよりも少し若い男性だ。郷集落から西に約7キロ離れたところにある別の寺の住職も兼ねており、事件後はほとんどそっちに住んでいるのだという。ワタルは当初、彼と

〝村おこし〟をしようとしたが、梯子《はしご》を外されてしまったというのである。

出鼻をくじかれたことでUターン暮らしは幸先の悪いスタートを切った。集落のもやい仕事に参加したのも最初だけだ。「気が弱いところもあった」とも評されるワタルなので、理想の村おこしに反対されたことで萎縮《いしゅく》してしまったのか。自治会で村人たちとともに仕事をし、徐々に人間関係を構築していけば、最終的には「シルバーハウスHOMI」を村おこしの拠点とすることも不可能ではなかっただろうが、ワタルはそれをしなかった。

そんな中でも「シルバーハウスHOMI」のために、店のチラシを印刷してあげたりする村人もいたことは事実だ。そしてワタルも初めの頃は徳山の方へ出向き、リフォームを請け負ったこともあったというが、そのうち開店休業状態となってしまったらしい。

関東と金峰を往復して作ったこの新宅には、ワタルが思い描く理想の生活が詰まっていた。だが「シルバーハウスHOMI」は、稲田堤の焼き鳥屋のように、地元の村人たちが集まる場所にはならなかった。いつしかトレーニングルームは自身の鬱屈《うっくつ》した思いを書き連ねたポエムが壁一面に貼られる禍々《まがまが》しい空間へと変貌し、カラオケを一緒に楽しむ村人が訪れる日は来ないまま、ひとりでひたすら「およげ！たいやきくん」を歌うしかなくなっていた。

過疎化した金峰では、子どもの住む街へ出るお年寄りが多い。そんな中、保見（ほみ）友一さん（93）の二男、中（わたる）さんが九四年、川崎市から帰ってきた。十五歳のころ、都会にあこがれ東京へ出たが、「自分の生まれたところで死にたい」という思いは消えなかった。

工務店勤務の経験を生かし、老いた両親のために部屋の段差をなくし、手すりをつけた。一年ほど前、母のタケヨさんが病気で倒れ入院した。「うちに帰りたい」と言う母のために自宅で介護を始めた。おしめを換え、たんを取った。

昨年十二月末、八十七歳の母をみとり、父と二人暮らしになった。「親が子どもを育て、年をとる。そんな親をみるのは子どもの義務」。父が毎日手を合わせる仏壇の周りにも手すりを付けた。(読売新聞　2003年4月19日)

金峰地区に住む高齢者と、その子供たちについて触れた記事だ。この翌年、友一も死んだ。村人の中には「両親が死んでから、おかしくなった」と言う者がいた。たしかにこの頃から、家の前に雑然と置かれたオブジェの様子が異様なものへと変わり始めたようだ。「ブラジャーをつけた変なマネキンを家の前に飾ったりして、どんどん様子が変になっていった」

地下のトレーニングルームの貼り紙も、この頃から始まった。

郷集落からほど近い別の集落に、ワタルと友一を知る村人がいた。82歳になるその男性は、この地で長らく酒屋を営んでいた。平成16（2004）年に店を畳むまで、近隣の家へ酒の販売と配達をしていたのだという。

「お父さんはわしもよく知っちょるほうじゃある。まあ椅子に座りない」

男性は、ワタルの両親が生きている頃、郷集落のあの家に酒を届けていた。

「犯人のあれも、話したことがある。まあ、あれがあんなことをするとは思われんような、穏やかな人だと思うちょった。犯人の家は、お父さん、お母さんの家のすぐ隣に作っちょった。お酒の配達はお父さんが飲みよったけ、そっちの古い方の家に行きよった。お父さんと話するけど犯人とも話する。あそこは夫婦仲もよかったし。喧嘩ちゅうようなことはなかったですよ。犯人のほうも、大きな声をあげてどうじゃこうじゃ言う人じゃなかった」

郷集落の人々は、酒税法が変わって酒のディスカウント店が都市部にできるまで、めいめい決まった酒屋に酒を頼んでいたという。男性は郷集落では、保見家だけに配達をしていた。

話を聞きながら、ふと、元酒屋だったというその家の土間を見回すと、ワタルとはタイプの違う、前向きな自筆の標語が壁一面にびっしりと貼られていて、一瞬そちらに気を取られた。彼は腕に蚊が止まっても、気づかないのか、そのまま話し続けている。

「ひと月に一回、注文があった。いっぺんに持って行くのが一升瓶10本。多いですよ。わっはっは。よう飲みよったです」

酒飲みだったが穏やかな家族だった……。

男性はそう言うが、郷集落とその近くでは違った評判が立っていた。

〝穏やかな人〟だったというワタルに関してはこうだ。

「帰った当時は集落の旅行にでも行きよったよ。それならええわけ。でも、仕事をせん！　村の仕事にも出ん。はしからそうなっていったんや。そりゃ人が相手にせんにゃ」

「ものを人にあげるような人じゃなかった。うん、そういうところはなかったですね。飲みに行った人のところに次に行くときさ、ビールの1本ぐらい持って行くとかさ、そういうのが一切なかった」

「なめこがたくさん採れた年に、分けちゃろうと思って、なめこ食べるか？　って聞いたら『おう食うど。しいたけは埃臭《ほこり》いから好かんけど、なめこならええど』って。ありがとうはない」

都会から戻ってきた若者――と言っても、すでにこのとき40代半ばだったが――なのに、年長者たちに礼を言わず、集落の仕事にも参加をしない。川崎・稲田堤に住んでいた時とは違う尊大な態度のワタルに、郷集落の村人たちは距離を置いていった。

郷に入りては、郷に従え。

とくに人口の少ない集落においては重要かつ唯一ともいえる処世術を、ワタルは拒否し、村人たちもそんな態度のワタルを苦々しく思っていた。２００９年にワタルは「光成」に改名したが、それを村人たちが知ったのは、事件の後の逮捕報道でだった。

このように、郷集落に戻ってきてからのワタルの、あまり良くない言動は、村人から暇なく聞けるのだが、報じられていた具体的ないじめ行為については確たる話が出てこない。

一審公判の冒頭陳述では、近隣住民との諍いの経緯が時系列で明らかにされているが、そこで出たのは「２００８年８月　河村さんとの農薬散布トラブル」「２００９年５月　飼い犬を巡り河村さんと口論」「２０１３年はじめ　飼い犬のフンをめぐるトラブル」などだ。だが、凶悪犯罪の刑事裁判では被害者側の生前の非を隠すこともある。

事件当時に現場を取材した週刊誌記者によると、あのときは郷集落に張られた規制線のため、中に住む村人たちへの取材はできない状況だったことから、金峰山を越えた鹿野町（正式には地区。以下同）などでも取材が行われていた。そこで記者は、こんな話をする住民に出会ったそうだ。

「せっかくみんなのために買った草刈機を、あぜ道に置いたまま忘れて帰ったら燃やされたっていう話を聞きましたよ」

その他にも、すでに書いたように「家の裏に除草剤を撒かれる」「『犬が臭い』と文句を言われる」などの出来事が起こっていたと〝遠くの村人〟たちは口々に言うのだが、当の郷集落の村人たちに聞いても、そのような話は出てこないのだ。

「あの人、だいたい草刈機を持ってなかったから。農家じゃなければあまり草刈機はいらないよね。それに草刈機も、燃えるようなもんじゃない。草刈機をどうかされたっていったら、投げられたとか、刃を壊された、とかならまだわかるけど、草刈機のどこを燃やすんか」

「草刈機を燃やしたとかなんとか、聞いたことあるじゃろう。だけどあれはわし、よう知らんのよ」

そもそも草刈機の存在さえ怪しい有様なのである。

河村二次男さんは日々、村で起こったワタルとのトラブルを、自分の「県民手帳」に書きつけていた。そこにはこんな記述があった。

「背負式の機械で田んぼに農薬を散布していたら、犬がどうとか言っていた」

これは2008年の出来事なので、冒頭陳述にあった「農薬散布トラブル」とみて間違いないだろう。除草剤ではなく農薬を散布した際に、ワタルが自分の犬を攻撃されていると思ったのではないか。

一部の村人は河村さんについて「ワタルに色々言われるけえ、ちゅうて、田んぼも手放したんじゃけど、まだ田んぼをやりよるときは、よく農薬まく人じゃったんよ」と、もともと農薬を好んで使う主義の人だったと話した。

事件当時取材に答えていた〝遠くの村人〟たちによる郷集落でのいじめの話は、ワタルが以前にそうした被害を誰かに話したものが広まっているかのような印象がある。犬について文句を言った話は、誰からも聞けなかった。いじめた相手にいじめの話を聞かせてくれと言ってもなかなか話してくれない。そういうことかと思っていたが「あの人がいじめていた」という耳打ちすらされないのである。

それよりも、ワタルに対する具体的な〝いじめ〟の話が村人たちから出て来ないのとは対照的に、周辺集落の誰もが知っていたのが、「ワタルの父・友一は泥棒だった」という話だった。

# その父、友一

ワタルの父親、友一とはいったいどんな人物だったのか。

「保見のところは、もともとは同じ金峰でも、郷とは違う。奥畑《おくばた》と金峰の中間の山のなかに住んどった。長男は順一。友一《ともいち》は三男。その間に徳市《とくいち》ちゅうのがおる。

ワタルの父親が友一。この3人ともが皆、それぞれに郷に出て来た。それは戦争前。だから、いまから80年くらい前かな。家のあったとこは、あとはなんもない」

「ワタルくんのお父さんらは、山の上の方おっちゃったらしいよ、ほんで下りてきた。私らも親が話しよったちゅうぐらいしか知らんからね。入るのはね、河村さんところの道を山伝いにずっと上がるんじゃけど。途中から奥まった山の方へ登るんと思うよ。家とか、もうないない！　山しかない。もう誰も住んじゃないよ。昔はそこへ山をちょっと持っとったんじゃろうが、もうそれも誰かに売っちゃったみたいじゃがね。自分らも子どもの頃、あの河村さんとこの奥のところに入ったことはあるけど、山よ。集落はないね」

「なんで越して来たかは知らんね。兵隊取られるかそんな頃やから、昔の話じゃ。兵隊から帰った時にこっち来たんやね」

たしかに、金峰神社の参道脇にあった保見家の墓や、神社に残された石柱などを確認しても、友一、順一、徳市以外の名前は見当たらない。

郷集落は保見家の南隣に、3人目の被害者である山本さん宅と、さらに南方に進んだところに、本来は菅蔵地区だが「もとは郷に住んじょって、そっちに移った」ため、そのまま郷集落の一員として暮らしていた最初の被害者、貞森さん夫妻が住む家がある。

保見家の裏手にはこんもりとした山が続き、その手前には東西からそれぞれ流れてくる小さな川が合流している。東側から流れるほうの川に沿った細い道をその上流に向かって歩くと、500メートルほどで河村さんの家に着く。ここまでが郷地区といわれる。

この細い道をさらに奥に1キロほど進むと、道が南北に分かれる。この周辺の山中にワタルの父・友一とその兄たちは住んでいたという。

村人たちが言う場所は現在、道沿いに家はぽつりぽつりとあるが、朽ち果てた廃墟のほうが目立ち、いまも人が住んでいる家は数百メートルおきに一軒ほどしか見当たらない。山の方を見ても、もはや家らしきものはなかった。

身体に寄ってくる虫を避けながら、保見友一とその兄たちが郷集落に移り住んだ経緯や、住んでからの暮らしぶりを高齢の村人に尋ねてまわると、わりあい話が聞けた。

といっても、金峰地区では高齢者しか見かけたことがない。ここでの高齢の村人というのは、後期高齢者に分類されるような人たちだ。

金峰地区の生き字引と称され、金峰地区のことならばこの人に聞け、としばしば名前の出る男性、田村勝志さんは郷集落の近隣で長らく農家を営んでいる。友一とは20歳近く年齢が離れているものの、やはり友一とその兄たちのことをよく知っていた。なぜ郷集落に移り住んで来たのかもだ。

「それは、もう、生活ができんようになったから。（保見家が）住んでいたところは、それはもう山の中で、どうしようもない生活しよった。その山の中に一軒家があって、そこに生まれて育ったんやからね」

友一が移り住んで来たとき、まだ郷地区を東西に走る県道9号線が東方向には延びておらず、現在の保見家の北側から東にかかる「第二郷橋」付近に家があったという。

「まあ、お粗末な家を作っておったよ。竹をパッと縦に割って、その中の節を落としたものを重ねて行くわけ。で、それが屋根になるわけ。そういう家じゃった」（別の村人）

郷集落から北西方面に採石場があることから、昔からダンプカーの往来が多かったらしい。集落の家々の前にある細い道を抜けていたのだが、道幅が狭かったため、１９７０年代半ばにバイパス工事が行われることになった。このとき友一と妻、子供らが住んでいた家は立ち退きとなり、現在の茶色の本宅に移ったのだという。

友一とその兄たちは別々に移り住んできている。次男の徳市はもともと、事件の被害者となった貞森さん夫妻が住んでいた家に住んでいた。金峰地区の村人たちは、徳山の街に近いほうを「カミ」、遠いほうを「シモ」と言う。順一は「シモのほうに住んどった」というが、詳しい場所は誰に聞いても定かではなかった。

明治生まれの長男・順一の生活ぶりを直接覚えているものは、田村さんだけだ。

「わしが小さい頃、長男は荷車を曳いてものを運ぶ商売をしとった。馬を買ってきて荷馬車にして、荷物を徳山へ運んで、徳山で、頼まれたものを買って帰るというのを長男はやっていた」

次男・徳市になると、数名の村人が記憶していた。話は皆、共通しており「ブローカーのようなこと」をやっていたという。徳市、友一と交流のあった田村さんの話はこうだった。

「どう言ったらええかな……請負仕事をして、そして儲かって、土地を買ったり、いろいろ商売をしたりということをやりよった。昭和26（1951）年の10月に大きな台風が来たんじゃけど、この辺は『死の谷』ちゅうて、家もあったけれども、田んぼも何もみな川になってしもて、大変なときがあった。道路という道路、橋という橋がひとつもなくなったんや。それを改修するために土建業の人がものすごいここに入った。そういうときに保見徳市という人は、なかなか頭のいい人やから、すぐにその請負をしたわけね。それで儲かって、まあ、一代財をなしたというか」

1951年10月13日から14日にかけて発生し、山口県を襲ったルース台風は、同県に甚大な被害をもたらした。この災害をビジネスの好機と捉えたのが徳市だった。それなりの富を築いたらしいが、徳山市に出ていた彼の長男が脳溢血で急逝したことで潮目が変わる。その妻が、家の財産を奪ってしまったのだという。

とはいえ長男・順一も、次男・徳市も、郷集落に移り住んできてから、仕事をしていた。ところがワタルの父、友一だけは違っていたという。どのように暮らしていたのかと村人たちに尋ねると、こんな答えが返って来るばかりなのだ。

「あんまり働かないおじさんでね。うまいこと言って、安い酒を人に高く売りつけて、お金をアレしたりとか。人の作ったカゴを自転車の後ろにつけて売ったり。それで時々仲買に出たり。身体がでかいおじさんじゃったけど、勤勉に働くような人でもなくて。それでいつも将棋をやっちょってね。あの家の前までバスが来ちょったんよ、で、バスが停まるといつも運転手さんと早将棋をやりよったね」

「カゴを売る仕事の他は、植林の仕事じゃな。山を綺麗にして、苗木を植えて、下刈りをして、下刈りもだいたい5、6年やりよるから、ひとつ受けたら6年間は仕事がある。あんまり定職ちゅうのはなかったね」

金峰地区の産業は、いまも続いている農業や椎茸《しいたけ》栽培のほか、かつては製炭や畜産、そして竹細工も盛んだったという。友一は付き合いのあった竹細工職人から安く仕入れたカゴを、高く売りに行ったり、植林ブームに乗って一時期はその仕事に従事していた。友一の妻、つまりワタルの母親は「和裁ができた」というが、どこかに勤めに出ていた様子はなく、近所のものたちの農作業を手伝い、報酬として農作物をもらっていた。

1月の取材で聞いた〝友一は盗人〟だという噂について村人たちに尋ねると、他の兄弟の話と同じく、皆が似たような話をした。

「あの家には縁側があって、そこで2、3人集まって酒を飲んでいるちゅうのが、友一の日常生活じゃった。酒を飲むのも、自分は酒がないから、来た人をうまい具合にごまかして、酒代をとって、いうような感じ。それで人をごまかす。だから相手にするなという風評が広まった」

「保見友一って誰も呼びやせん。〝友のアカの人〟ちゅうふうに言いよった。アカっちゅうのは、盗人のことやな。米も洗濯物も盗られる。盗んで着るんじゃから、すぐわかるよ」

「いまなら笑えるようなものを盗りよったらしいよ。まあ洗濯物とか、カボチャとかやね」

「友一は子供がたくさんいたし、非農家じゃったから、田んぼがない。終戦後、食べ物にすごく困っている時があった。昔は水車を回して米を挽いていて、農作業に出る前に水車のところに置いて出て行っとった。そして帰ってその米を炊いて食べるんじゃけど、それを盗んだとか、カボチャを盗んだとか」

米やカボチャ、洗濯物を盗み、家に来た者から酒代をとる……。

友一に関しては〝良くない話〟しかなかった。酒代については、被害に遭えばすぐに犯人がわかる類《たぐい》のものなので信憑性は高い。けれども農作物や洗濯物の盗みの話は、いまとなっては本当だったか確かめようがない。同じように、本当に泥棒だったのか確信を持てないと話す村人もいたのだが、〝友一が盗人だといううわさ〟は、話を聞いた全員が知っていた。

「保見友一は人気がなかった。自慢をしたりなんかするから、あんまり付き合いをする人がいなかった。今日のような暑い日に皆は田んぼや畑へ出て仕事をするが、あの人は田んぼを作らないからね。

まあ左うちわっちゅうか、皆が暑い暑いと言いながら仕事しとるときに、家の中で涼しい風に当たって、夕方にちょっと出て散歩をするというぐあいに、皆と生活の態度が違ったんやな。そういうところから嫌われ始めた。わしらが汗水流して働きよるのに、働かんと、人をごまかして、生活をして、高い目線で見よるというようにな」

金峰地区では、田や畑を持っているのが一般的だ。友一は「非農家」で、田も畑も持っていなかった。ならばふたりの兄のように仕事をして金を稼ぎ、食べ物を調達しなければならない。それなのに定職についている様子はなく、農作業もやる様子はない。人から金をチョロまかして酒代を多めにとる……そのような暮らしをしていたために、村人たちから白い目で見られていたのだという。

また金峰地区には集落ごとに自治会があり、2年に一度、選挙で会長が決まる。役員は自治会員らで話し合いをして決めるのだが、生前、友一は役員になれなかった。それが集落の者たちの満場一致の結論だったのかは定かではないが、友一はそのことを気に病んでいたという。ワタルが関東から戻って来たとき、友一とその他の村人との間にはこうした空気が醸成されていた。

都会で金を貯めて戻って来た。近代的な一軒家を建てて「村おこし」をしたいなどと言い出す。それも単なる〝都会上がり〟が都会風を吹かせているだけではない。よりによってあの「盗人の家の息子」が言っている……そんな認識が、集落の村人たちにあったのだ。

村人たちと保見家の関係がよくわかるものが、村の中にある。保見友一の眠る墓である。かつて「シルバーハウスＨＯＭＩ」だった保見家の向かいから延びる、金峰神社の参道の石段はところどころ途絶え、急勾配のけもの道になっている。左手にタオルを持って虫を払いながら、拾った長い枝を右手に持ち、杖の代わりにして社殿を目指す。両脇に並ぶ高い杉の木のせいか、晴れていても山道は薄暗く、足元の土は湿っていて、何度も滑り、この杖に助けられた。

参道も終わりに近づき、大きな鳥居が見えてくる頃、左手に細く分かれる山道がある。こちらに進むと、金峰地区の人々の墓が並んでいる。端にある、比較的新しい墓石が保見家のものだ。鉄パイプを組み合わせ墓の周辺が囲われている。これはワタルが自分で作ったバリケードだという。そのさまは、死後でさえも保見家が他の金峰地区の村人たちとの交流を拒んでいるかのように、そして〝泥棒だ〟という村のうわさ話から、ワタルが友一を一生懸命守ろうとしているかのようにも見えた。

囲いの中を見ると、枯れ草が墓石にかかり、花も供えられていない。囲いの外は、保見家の墓の前だけに、ファストフード店のドリンクカップのゴミや、ジュースの空缶、割れた茶碗などが散乱していた。墓参りに訪れるものがいないのが一目瞭然だった。

ふたたび参道に戻り、社殿の方へ。この頃には息も上がり、汗が噴き出してきた。境内に人のいる気配はなく、社務所にも誰もいない。手水舎《ちょうずや》は水が止まっていた。溜め水には小さなゴミが浮いていて、手や口を清めることもできない。

持ってきていたペットボトルのお茶を一口飲んだ。横に広がる拝殿は古い木材で出来ており、緑色の真新しい苔《こけ》におおわれている部分と、その苔も枯れて茶色になった部分と、さらに雨で黒く黴《かび》がこびりついている部分があった。歴史はありそうだが、手入れされていない印象だ。たしかにこの金峰神社の歴史は古い。

山口県には『防長風土注進案』という地誌がある。天保12（１８４１）年、萩藩主の毛利敬親《たかちか》が天保の改革の一環として藩政の資料にするため、諸郡の代官に命じて村々から提出させた報告書だ。各町村は庄屋たちを動員し、調査を行った。それぞれの村名の由来や村域、田畑の面積と石高、租税高など、その土地に絡むあらゆる情報を収録している。

この地の郷土史の多くはこれを引用し、現代の読者にも読み取りやすく解説している。その中のひとつ『山口縣風土誌（五）』に、金峰山と金峰神社、そして郷のある金峰地区の前身である金峰村の名の由来があった。

「注進案に、もと河吉と云ひ、山をカルサ山と云ひけるが、神亀年中、大和国金峰山より蔵王権現を勧請し、それよりカルサ山を金峰山、河吉村をミダケ村と改めたる由に云ふ」

もともとは金峰村は「河吉村」といい、金峰山は「カルサ山」と呼ばれていたが、西暦728年に蔵王権現を勧請したことをきっかけとして、金峰《みたけ》村、金峰山《きんぽうざん》とその名が改まったのだという。刈草山から「カルサ山」と呼ばれていた歴史を知れば、たしかにこの近辺の草の多さにも納得がいく。同じく注進案を引用した『鹿野町誌』にも、金峰山と金峰村の形勢、気候が記されている。

「この金峰山は麓より頂まで草山である。村の他の三方は金峰山ほどの高山ではないが草山が取り囲む。山麓には樹々が繁り、その浴々に田畠が開け、人家が点在し、樵路が続く。つまり四囲を山に囲まれたいわば陸の孤島である。（中略）特別に寒く春の到来は遅い。その反面、四方の山が高いので風は烈しくない。夏分は涼しく蚊など多くない。朝は霧が立ちのぼり、秋の到来は早く、晩秋より霜柱が立ち、寒気の早い年は、草木の葉が枯れる前に霜にやられる。冬は庭雪が二尺余も積り、春に到っても容易にとけず、寒気の厳しい所である」

〝陸の孤島〟などと身も蓋《ふた》もない記され方をしている。郷土史の編纂者による誇張かと思い、原本の『防長風土注進案』を引くと、たしかに「四圍數峯覆ひ懸りたる孤村にて御座候」とあり、天保の時代から〝孤村〟と言われていたことがわかった。

現在の「金峰」は2003年4月に発足した周南市の行政区画のひとつで、事件のあった郷、他に奥谷《おくだに》、菅蔵から成るが、合併と分離を繰り返して現在の形となっている。

山を挟んで西側にある鹿野町に住む原田明さんは、山口県内の小中学校で理科を専門に教鞭をとっていたが、定年後に地元の歴史の研究を始め、観光ボランティアガイドとしても活動している。今回の取材では、いろいろと教えてもらった。

「1600年の戦に負けた毛利家がいまの山口県に押し込められてから毛利藩が出来ます。徳山地区にはその支藩として徳山藩がありました。この中の北側にさらに前山代宰判《まえやましろさいばん》という、一種の裁判所の管轄する地域があったんです。ここに金峰村、鹿野上村、鹿野中村、鹿野下村などがありました」(原田さん)

ところが金峰村は1889年に明治政府の町村制施行によって、隣接する須万村《すまむら》と合併。両方の村の字を取り「須金《すがね》村」となった。廃藩置県により山口県の管轄となっていた両村は、1879年に郡区町村編制法により発足していた都濃《つの》郡の下に置かれていた。

「平家が壇ノ浦で敗れまして、この山地にかなり逃げ込んだらしいんです。そのときに神戸の方の須磨地区があるでしょう。かつてその近辺に住んでいた平家の一門がそれを懐かしく思ってこの辺を須万と名付けたと言われています」

須万村は旧徳山藩。異なる藩の村同士の合併だった。それゆえか、この須金村は長くは続かなかった。1955年、その前年に発足していた都濃町に旧金峰村と、一部の旧須万村の地域が合併。改めて都濃町が発足となり、合併に加わらなかった旧須万村の残部は、都濃郡鹿野町に編入された。

さらに都濃町は1966年、徳山市に編入。かつて同じ村だった地域が、2003年の周南市発足により廃止されるまで、郡と市に分かれていた。そのため、なんと周南市では現在でも「金峰」、「須万」と呼ばれる地区がそれぞれ二箇所ずつ存在するのである。

「これは合併前の名残《なごり》で『金峰』は〝旧都濃郡鹿野町〟の金峰と、〝旧徳山市〟の金峰があります。すごく分かりにくいと思います。皆さん混乱されますね。『須万』も同じく、その名残で、〝旧都濃郡鹿野町〟の須万と、〝旧徳山市〟の須万、二箇所あるんです。どちらも東側が旧徳山市で、西側の方が旧鹿野町ですね。地元の方は『鹿野の須万』のように呼んで区別します」（周南市役所市民課）

事件のあった「金峰」は旧都濃郡鹿野町にあたる「金峰」を指す。

この金峰と須万がかつて一緒だった「須金村」時代についての文献は少ないが『鹿野町誌』は明治38（1905）年の『周陽新聞』を引用する形で村で起こった〝村政紛糾事件〟に触れている。

当時、村はありえない財政難に陥っていた。

「須金村の村治には見るべきものがなく、村債が一万円位になっており、その利子も八百円ちかくなったため、徴収した村税の大部分は利子に充当しなくてはならなくなり、終には役場吏員や小学校教員の俸給までも支払いができなくなっているという。このため、校長は再三辞職願いを出すが、受理してもらえなかったという。そういう状況を醸成した原因は、明治三十三年以来村税の滞納者に対して何らの制裁も加えずに放置したことにあると指摘している。滞納者は二百戸に及び全戸数の三分の一に及んだ」（前掲書）

その数年前から村は水害や暴風に見舞われ、死傷者が出たほか、田は流出し、さらに麦は不作。疲弊しきった村民は村長派と反村長派に二分され、反村長派による村長の告訴、新村長の追放運動などが続き事態は混迷を極めた。郡役所が収束に乗り出し、村長・助役・収入役の辞職と村会議員全員の辞職、当分村長を置かずに郡役所が事務を管掌する条件を両派に提示して、ようやく紛糾事件は解決をむかえたという。

「この年の田植え時には村長派の家に手伝いに行くものはなかったと言われるぐらい、両者のしこりは解消しなかった」（前掲書）

また、かつて新聞記者だった岡山登喜正が記した『須金村史』には、須万村と合併する前の金峰村が1881年に須万上村を併合し地域拡大を図ったが、これに須万下村が反対を唱えたとある。藩政時代に萩藩が徳山藩を監視するため須万村の要所に飛び地を28箇所も置き、これを金峰村地区としていたためだ。「そこには萩藩の侍がいて徳山藩治を監視していた。

今日アメリカが日本の防衛力を分担してやるといつて占領基地をつくつているのと同じで当時の徳山藩としては有がた迷惑のことであつたろう」と、岡山は当時の須万村と金峰村の関係を分析している。

合併前は、隣接する村同士でありながら藩が異なっていたために緊迫した関係を持ち続け、須金村となったのちにも村長派と反村長派とに二分され、村長派が村八分状態となった過去があった。そんな歴史の名残として残るのが、まことに分かりづらい二箇所の「須万」、「金峰」なのである。

その旧鹿野町の「金峰」の郷が「限界集落」であることも、事件発生当時は騒がれた。「限界集落」とは、社会学者の大野晃氏により1990年前後に提唱された概念で、その定義は「人口の50パーセント以上が65歳以上の高齢者となり、社会的共同生活の維持が困難になった集落」とされている。これに照らせば事件当時、金峰の郷集落はまぎれもない「限界集落」だった。8世帯12人のうち、65歳未満のものは保見の他に2人しかいなかった。

# 疑惑は静かに潜む

郷集落の村人たちはもともと、ワタルの父の友一のことを〝泥棒〟であるとか〝人をごまかす〟人物だとうわさし合い、白い目で見ていた。いくら関東で大金を貯めて、自力で新宅を建てようと、ワタルは戻って来たときからアウェイだったのだ。そのためか、村人たちのワタルへの視線は厳しかった。

ところが、当初報じられていた〝草刈機を燃やす〟というような具体的な「いじめ行為」は確認できない。それよりも村人たちから出てくるのは「つけび」の貼り紙の発端となった事件や、村で起こった数々の凶事についての、うわさ話だった。

「つけびして　煙り喜ぶ　田舎者」

この貼り紙は当初、ワタルによる事件の犯行予告と思われていたが、そうではなかった。事件の数年前に、河村さんの家の風呂場でボヤ騒ぎがあり、その直後に貼られたのだ。そして、その犯人は「ワタルじゃない」。確信をもって皆が言うのである。

最初はその名を尋ねても、誰もが「証拠がないけぇ」と口をつぐんでいた。だが何度か金峰を訪ねているうちに、ある村人が声を潜めて、犯人の名を口にした。その名は、あろうことか被害者のうちのひとりだった。

郷集落では過去にも火災があった。別の村人によると、友一の兄がまだ住んでいた頃、その家が丸焼けになったことがあるという。こちらは犯人がわからないままだ。

――物騒な話になってきた。

事件を示唆する不審な「つけび」の貼り紙が、実はワタルの犯した放火殺人とは全く関係のない、別の放火事件に関連していた……。もちろんそれにも驚いたのだが、もっとびっくりしたのは、不審火が起こっても平然としている村人たちの感覚だった。

「田舎の人ばかりやのに『田舎者』なんて書いちょるけ、いい気はせんよね」

なんと「つけび」という悪行ではなく、自分たちが「田舎者」呼ばわりされたことに憤慨している村人までいた。

こうした感覚の違いにもっとも驚かされたのは、貞森誠さんがかつて、ワタルを刺したことがあるという「傷害事件」の話である。

公判資料によれば、事件があったのは2003年1月4日。

ワタルは前年12月に亡くなった母の葬儀の香典返しのために、貞森さんの家に寄った。このときに誠さんに胸を刺されている。これは警察に記録が残っており、貞森さんは同年3月

28日に罰金15万円の支払いを命じられた。

胸を刺すなど、物騒にもほどがある。しかも罰金刑にまで処されているのに、村人たちはこんな風なのである。

「あれもヤーさんみたいなもんや。誠さんは酒癖が悪かった。ワタルが飲んで騒いでからやったんじゃろう。そういう男やった、誠さんは。石村文人さんのところに包丁持ってったこともある。酒は40度飲みよったね」

――酒癖が悪いを通り越してはいないか？

そう疑問をぶつけても、こちらに同調することは全くなく「まあ激しいよね、人刺しちょるもんね」といった調子に終始する。

「親戚関係のようなもんやけ、ワタルくんが最初はお酒持って飲みにいったりしよったんじゃないの？」

「まあそりゃ、やるじゃろうな、というのが皆おおかたの空気や。刺しもするし殺しもするゆうぐらいな、そんな男じゃった」

「ワタルがタダ飯を食いに行きよった、ちゅうのもある。貞森さんも『来いや』っちゅうからな。それでもまあ、三回も四回も行きよったら、いいかげんにしろよ、ちゅう形になるのに、ワタルは『親戚じゃから』ちゅうて、気づいてなかったんやな」

タダ飯を何度も食べに行っていたことが原因にしても、刺すという行為は、あまりにも飛躍している。だがそんな〝常識〟をここで持ち出しても、通じないのである。

「報道を見て初めて知ったんよ。普通は貞森さん、物腰柔らかな人なんじゃけど、飲みすぎたときに必ず攻撃的になる」

刺傷事件であり、攻撃的というレベルを超えているとしか思えない。

ワタルが「ありがとう」を言わないことや「田舎者」呼ばわりしたことなど、貞森さんの酒癖の悪さに比べれば些細なことのようにも見えるのだが……。この村では、違うようだ。

貞森さん夫婦は「最初の夫婦とは全く別なんじゃ」という。もともといた夫婦は離婚し夫が出て行き、事件の被害者でワタルを刺した貞森誠さんが養子に入る。その後、最初の妻が死に、ワタルに殺害された喜代子さんが嫁に入ってきた。だから、「最初の夫婦とは全く別」なわけだ。貞森誠さんは、この死んでいる最初の妻を殴り殺したのだ、という村人もいた。そんなうわさ話を、村人たちは、部外者の私に、お茶を飲みながら気楽な調子で話してくれるのである。

「つけび」貼り紙の元凶となった〝河村邸風呂場ボヤ事件〟を起こした張本人だと村人が名指しした人物の名は、事件の被害者であるため、公にはできない。仮にAさんとするが、このAさんについては5人の被害者の中でもっとも芳《かんば》しくない評判が流れていた。

「ワタル方《かた》の犬とか猫とかおりよったでしょ。それをAが、意地の悪いやつで、まあ、それを、薬殺《やくさつ》しちょる。でも実証ないじゃないですか。『これが死んだじゃろう』って死骸を持ってくるわけにいかんし。そういうことがあって、ワタルは常にそう思てるわけよ」

なんと、ワタルが昔飼っていた犬や猫を殺した犯人だとも言われているのだ。そうしたことがあって、Aさんはワタルから恨まれていたのだろう、とも。

驚いたことに、この話をするのは一人だけではなかった。もはや驚きを通り越し、くりかえし話を聞く私も無表情になる。

「Aはいい人じゃなかった。殺されて当たり前ぐらいの人だった」

「友一が物を盗った、とか、酒代をうまいこと言って騙《だま》し取った、ちゅうふうな評判を広めた張本人じゃ」

「猫を飼いよったけど、猫を殺しよった。ああいうことをようやりよった。自分とこの猫が生まれたけえ、ちゅうて、人の目の前で川に投げたりな」

Aさんについてはもう、このような調子で、いくらでも話が出てきてしまうのだ。

燃やされたというワタルの草刈機は、Aさんが壊したのだという者もいた。草刈機を持っていなかったという噂もあるため、真実はわからないが、とにかく事件の被害者であるにもかかわらず、加害者のワタルよりも、こういう類の話を耳にするのが、Aさんだった。

そして、そのAさんと〝仲が良かった〟と村の皆が言う被害者のBさんにも、同じ噂があった。

「毒を撒いて、犬や猫を殺しよった」

なかには数匹の犬猫を何度もBさんに殺されたのだという村人がいた。いまとなっては犯人が誰なのか、本当に薬殺されたのかすら判然としないが、この集落では、ワタルの飼っていた犬猫だけでなく他の家でも犬猫が突然、それも何度も死ぬという出来事があったのだ。山口地裁で行われた一審公判でも、そのことは触れられていた。河村二次男さんへの検察官からの尋問のときである。

検察官「金峰で飼われている犬や猫が立て続けに死んだことがありますね」
河村さん「はい」
検察官「あなたの家は？」
河村さん「猫が1匹死にました」
検察官「他の犬や猫も？」
河村さん「そう聞いてます。薬物ではないかと思います。前職の関係でそう察しました」

無論、AさんとBさんが犬猫殺しの犯人だったという証拠はない。
だが、「人当たりはいいけど、裏でそういうことをするんよ」と、ふたりのことを評する者は、ひとりだけではなかった。犯罪被害者が、ここまで悪しざまに言われていることには本当に驚いた。

「つけび」貼り紙の真相、そして殺された者たちのうちふたりに対する金峰地区での評判や、犬や猫を家族同然に可愛がっていたワタルとの禍根にもなりかねない〝犬猫殺し〟。こうしたうわさ話を聞きながら事件の様相が徐々に明らかになるにつれ、私はひとつ疑問を持った。Aさんと Bさんのように、他の3人の被害者に関するうわさ話は村にあったのか、ということだ。しかし郷集落の中で聞いて回っても、そうした話は出てこなかった。

だが、郷から離れた集落で話を聞くと、ある村人が、こんな話をした。

「生活協同組合、山口コープ、あれの会員になっちょった。事件の直接の引き金というのは、そのコープの集まりと思う」

金峰地区にはコンビニがない。この周辺でスーパーやコンビニがあるのは、鹿野町か、須々万本郷だ。事件当時の報道では、その辺の住民の話も〝近隣住民の話〟として紹介されているが、郷集落から鹿野町までは10キロほど離れており、須々万本郷も11キロほど離れている。しかも、金峰地区から須々万本郷に通じる県道41号線の菅野湖沿いエリアは、大雨のときには通行止めとなる。ここはいまも〝陸の孤島〟なのだ。

日常生活に不便するのではないかとも思うが、それが当たり前の環境で育っているためか、コンビニがないことにとくに不満を漏らすような村人はいない。距離の感覚も都会の人間よりもおおらかで、金峰地区の村人に道を尋ねた時「5キロぐらいじゃから、そう遠くない」などと教えてくれたりする。私も金峰地区へ取材に向かう際は、必ず徳山駅か須々万本郷のコンビニで飲み物や軽食を調達し、トイレを済ませていた。

とはいっても唯一、住民が困るのが、買い物だ。バスも通じていないため、買い出しには必ず車を使う。歳をとりすぎて運転が難しくなれば、家族や近所のものに、買い物を頼まなければならなくなる。

そこで金峰地区で始まったのが「生活協同組合コープやまぐちの共同購入」だった。これを取りまとめていたのが、ワタルの家の向かいに住んでいた、吉本茜さんである。周辺の村人から集めた注文表を提出し、翌週の金曜日の朝にその品物が吉本さんの家にまとめて届けられる。この受け取りのために、金曜日の午前中は金峰地区の村人たちが、吉本さんの家に集まっていた。

先の村人が言う。

「ただ配って、はいサイナラ、と別れるならいいけども、お茶飲んでグダグダといろいろな話をした。そのときに、いやこの地域はどうだった、あそこはどうだった、そこはどうだった、ということをやるために、結局、この地域がまとまるでなしに乱れたの」

品物を受け取ってすぐに立ち去る村人もいたが、残って話すメンバーは決まっていた。その固定メンバーが、被害者のうちの3人だった。

ワタルの家の窓からは、吉本さんの家が見える。

そばの広場に車が停まっていれば、それもすぐにわかる。

「それらが直接にどうしたこうしたということじゃなしに、そういううわさのメンバーになったということやね。集まりが終わると、ワタルが飼いよった犬のフンの処理が悪いだとか、ゴミの分別が悪かったとか、ゴミの捨て方が悪いとか、なにかにつけていろいろ文句を言いよった」

その村人によれば「コープの寄り合い」は、金峰地区の噂が集まる場所だった。

寄り合いで情報を共有したメンバーたちが、めいめいの家に戻ってから近所でそうした噂を話し、またそこで出た噂を真実と決めつけ、寄り合いで名前の挙がった村人たちに対して、さまざまな注意をしていたというのである。

ワタルが「犬が臭いと言われた」という噂があったが、そうではなく、この寄り合いでワタルの飼っていた犬のフンの処理について話題になり、殺された村人のうちの数人がワタルに注意をしていたのだと聞かされた。

「朝、あそこのコープで得た情報は、その日のうちに行き渡るというほど、情報は拡がった。うわさがそこから出ているということは、そりゃもう私も知っていたし、気にする人も多かったよ。それでうわさが立ったらここにおれんくなるとか、居づらくなるとか、そういうようなことを考える人もおったからね。そのぐらい最後は……悪い言葉で言えば、危険なグループじゃった」

村中のうわさ話の集まる場があり、そこで聞いた話を元に行動する村人がいた。まるで金峰地区における諜報機関ではないか。にわかには信じがたいが、この「コープの寄り合い」は、たしかに金峰地区の皆が知っていた。ただ単に食品や生活用品を共同で購入するというだけでなく、その後に何人かが残って、うわさ話をしていた、ということをだ。

コープの共同購入を取り仕切っていた吉本さんは事件の後、郷集落を離れていた。かつて吉本さんが住んでいた家は、ワタルの家から県道を挟んだ向かいにある。ガラス張りの元商店のような建物がそうだった。1月に訪ねた時も、人は住んでいなかった。

# コープの寄り合い

相変わらずほとんど人が歩いていない金峰地区で私は、村人がおそれる金曜朝の「コープの寄り合い」が行われていた家に住んでいた、吉本茜さんの現在の居所を聞いてまわった。ワタルの父・友一やその兄たちの居所を尋ねた時も感じたが、この地区の人たちは、村人の転居先にも詳しい。何人かに聞くと、だいたいの場所がわかった。

吉本さんは事件の後に集落から離れた小さな街に引っ越し、息子家族と住んでいるという。金峰地区の村人だけでなく、少し離れた地域の村人も、吉本さんのことを詳しく知っていた。引っ越し先の詳しい場所もである。ワタルよりも有名人だ。

「原発反対のリーダーですよ。広島大学を出て、それから、主人が東大を出て、先生をしよった。早《はよ》う亡くなったけど、だから夫婦はインテリじゃった」

若い頃には学生運動をやっていたとも聞いた。郷集落に戻って来てからも、熱心に反原発運動や環境問題に取り組んでいたという。

こうした情報を金峰地区で得てから、吉本さんが住む街に向かった。途中で、持っていたスマートフォンのブラウザを立ち上げ、名前を検索した。事件後も反原発を訴えるグループの一員として活動をしているようだ。

実はこの吉本さんは、ワタル逮捕後の起訴前鑑定で名前が出ていた人物だ。鑑定を担当した山口県立こころの医療センター・兼行浩史医師は、鑑定当時ワタルが被害念慮を抱いていたことに触れ、その対象を「吉本さん以外すべての人に対して持っていた」と述べていた。

村人がおそれる危険な「コープの寄り合い」で情報を司《つかさど》っていた〝中心人物〟でありながら、ワタルは吉本さんだけには「被害を受けている」と感じていなかったというのである。いったい彼女とは、どういう関係を築いていたのだろうか。

こんな話も聞いていた。

「ワタルに対しても、自分は直接手を出さんが、いろいろ文句を言いよった。それをあそこで集まる連中が聞いて、ワタルにそれを伝えるというようなことをやっとった」

策士なのか、天然なのか。

いかつい堅物《かたぶつ》老婆を想像していたが、ようやく会えた吉本さんは、想像とは違うほっそりとした元気そうな女性だった。やはり、郷集落の人がワタルをいじめていた、という報道を気にしていた。

「村の人がいじめたとか言ったり書いたりしてたみたいなんだけど。私たちはそれを全然見ていないんですよ。テレビを全然観ていなかった。お通夜、お葬式でしょ、いっぺんに5人が亡くなって、ほとんどテレビも観てなくて。後になってから『あんたらいじめたんじゃろう』とか言われて。何が放送されたんだろう、何が週刊誌に書かれたんだろう、と。

事件の後は、うちの前から河村さんちのシモまで、黄色い規制線が張られていまして記者も入れなかったんですよ。だから私たちは取材を受けていないのに、テレビでは近所の人の座談会というのがあって……私も後から知ったんだけど、全然知らない人たちが、保見ワタルさんの草刈機を近所の人が燃やしたらしいとかそういう話をしていて、私は本当に、テレビに出る『近所の人』というタレントがいるのかと思った。うふふふ」

郷地区の村人たちは事件発生から、ワタルが逮捕される7月26日まで「金峰杣の里交流館」で寝泊まりしていた。7月24日が誕生日の吉本さんは、このとき交流館ではなく、息子を頼って徳山の方へ出ており、郷集落を離れていた。

「息子たちに何かやってもらったかもしれないんだけど、お葬式の合間にお誕生日みたいな。全然、記憶にないね。あははは」

ようやく事件のことも話せるようになったのか、話をしながら実によく笑う吉本さんは、やはり村人たちが言うように、エネルギー問題に真剣に取り組んでいた。郷集落に住んでいた時は、薪で風呂を沸かしていたのだという。平成の世とは思えない暮らしぶりだが、思い返してみると、金峰地区を回っている時、外に薪が積み上げられている家を何軒も見た。そして同じく薪でお風呂を沸かしていたのが、3人目の被害者、山本ミヤ子さんだった。仲が良かったのだという。

事件後に引っ越したのは、仲の良い友人が殺されてしまったのもあるが、やはりワタルの家から近いことも大きな理由のひとつだった。

「とてもあそこに居続ける気にはならなかった。だって隣が保見さんじゃないですか。いまでも行けば事件のことを思い出すんだけども。こっちにきたのが事件翌年の3月だったから、それまでは向こうにいたんですけどね。でもなんか、何にもする気がしなくて。秋になったら障子を張り替えたりしていたんだけど、それもやらなくなっちゃって。もう、友だちが全然いないとほんとにつまんなくて。あそこで生活を続ける元気はもう全然なくなった」

出されたアイスコーヒーを飲みながら、コープの寄り合いの話を切り出そうと機会を窺っていると、吉本さんは自分から話し始めた。

「山の中で便利悪いから、私たちは生協の共同購入をしていたんです。それで、せっかくの機会だから、家が皆離れているから、その時に集まってお茶飲んで話をするっていうことをやっていたんだけど。あとから検事さんに聞いたのかな、『ワタルさんがそれを気にしとった』みたいなことを。

皆が集まって話をしていると自分の悪口を言っているように感じていたんじゃないかな。やっぱりこう、人が話していると自分の悪口のように聞こえてくるっていう心理ありますよね。自分が他の人と話をすればそんなことはないけど、全くひとりでいて、しかも本当いうと寂しがり屋なんですよ。きっと、ねえ。

だからそういうのが、いちいち、自分がなんか言われているような感じがして、それが積もって憎しみに、なったんじゃないかなと」

立て板に水のごとく、吉本さんはつらつらと続ける。寄り合いで話はしていたが、ワタルのうわさ話はしていないと言いたい様子だ。なるほど、たしかにうわさ話をされていなくても、何かヒソヒソ話をされていたら人間はそれが気になるものだ。そういう〝気のせい〟のレベルの話だったと、吉本さんは言っている。

とはいえ、さらに続けてこんなことを話し始めた。

「それでもその、私がお墓に行っててワタルさんに会った時に『悪口言ってないな？』って言われたから『言ってないよ』って言ったけど。ということは皆が自分の悪口を言っていると思っていたのかもしれないけど、皆から言わせると、悪口を言おうにもねえ、ネタがない。ふふふ。皆と一緒に何かを何一つしないし、ひとりでいるから、悪口も言いようがないよね、っていう話をね、してたのよね」

「コープの寄り合い」では、ワタルのことを話題にしなかったと言いたかったのだろうが、ワタルが〝集落の皆と一緒に何かをしようとしない〟ということをネタにしていたことは、彼女の話しぶりからもよくわかる。

他にも色々とワタルにまつわる話をしてくれた。相槌を打ちながら聞いているだけで、おのずと「コープの寄り合い」の情報収集力の凄《すさ》まじさが分かってきて、私は少し怖くなってきた。

吉本さんは山本さんのことを〝ミヤちゃん〟と呼ぶ。やはり、仲が良かったのだろう。コープの寄り合いで聞いたのか、山本さんが「ネタ元」とおぼしき話をよく知っていた。

「ワタルさんの両親がまだいらっしゃる頃は、よく看病もして、すごく優しい面もあったのね。でもまあ、親に対しても暴力的な面はあるにはあったらしい。ワタルさんのお母さんがミヤちゃんのところに『ワタルが乱暴する、助けてくれ』って言って来ちゃったことがあるって言ってたよ。

ワタルさんが全部料理をしたらしいんですよね、でも、モツ鍋とか、脂っこいものばっかりで、おばさんは『とてもやれん』って。金峰の言葉で、『無理だから』っていう意味なんだけど、そうやって残すと『俺が作ったものが食えんか』みたいなところがあったんだって。だから、善意はあるんだけど押し付ける。ワタルさん、わがままよね。そういうところがあってワタルさんのおばさんも、ミヤちゃんところに逃げて来て、『助けて！』って言って来たことがあるって」

コープの寄り合いにこうした話題がのぼっていたのであれば、ワタルが金峰地区における〝危険人物〟であるという〝評判〟もたちどころに広まったに違いない。

初めてワタルの異変を感じたという出来事も、山本さんから聞いたであろう話だった。

「きっかけは山本さんがどこかに出かけて帰ってきたとき、『山本さんが〝自分ちのものをワタルさんが盗った〟と言った』ってワタルさんが言い出した。山本さんは『うちからなくなったものは何もないからそんなことは言うはずがない』と何度も言ったんだけど、もうそれを聞き入れなくて、防犯カメラを山本さんの方に向けて設置して『もし踏み込んだら防犯カメラに映るんだから、映ってなければ行ってないってことになるから』って言って」

ワタルはこのとき、山本さんが〝自分のことを泥棒だと疑って周囲にそう話している〟と言い、山本さんを責めたそうだ。当然ながら山本さんは事実無根だと反論したが、ワタルは聞く耳を持たなかったという。

「その辺からなんかおかしくなってきたね。私たちもすごい異様なものを感じましたね、それは。防犯カメラなんてあの辺じゃ、誰も見たこともないし、あんなものどこで売ってるのかも知らないから。いまだったらそうでもないかもしれないけどあの頃はまだ一般的ではなかったから、そういうものを買ってつけること自体、異様な気がして」

山本さんとの一件のあとにワタルは、防犯カメラを設置したのだという。家の屋根の下についていた、防犯カメラを留めていたらしき部品の残骸を思い出した。

吉本さんのマシンガントークは止まることなく続く。通された床の間に、息子さんの家族が洗濯物を取りに入って来たが、それも全く気にせず、話し続ける。

私も正座していた足を少し崩して、話に頷《うなず》く。

その後のワタルの言動にも、やはり詳しかった。

「攻撃的な面は出て来たよね、すごい。貞森さんのご主人なんか、ワタルさんちの前を通っていたら引っ張り込まれて胸ぐら摑まれたことがあったり。河村さんと山本さんがワタルさんの家の前で、あそこちょうどゴミを集めるところがあって、ゴミを捨てて話をしていたら、ワタルさんがお宮の方から犬を連れて降りて来て、その犬が山本さんと河村さんの、ふたりの間を通ったんだって。ほいで、あっと思ってびっくりして手をあげたらワタルさんが『その手はなんだ、殴る気か、殺してやるぞ！』って大声で言ったって。すごい攻撃的になっていましたよ」

すごい情報量だ。

「コープの寄り合い」の場になっていた家に住んでいた吉本さんは、それまで話を聞いて来た村人たちの中で誰よりも、ワタルについての情報を知っていた。寄り合いに参加していた村人たちがこうした話を共有していたことは想像に難くない。

それなのに、吉本さんは他の被害者たちのように、ワタルから直接、何か危害を加えられるようなことはなかったのである。不思議でたまらない。とはいえ「悪口言ってないな？」と聞かれたことがあるのだから、いっときはワタルに〝悪口を言っている〟疑いを持たれてはいたのだろう。

なぜその疑いを払拭《ふっしょく》できたのか。彼女の話に耳を傾けたところ、自身が関心を持っているエネルギー問題に絡むワタルとのエピソードを語ってくれた。

「ワタルさんは自慢話を最初はよくしていましたよ、『関東にいたとき、彼女がいたけれども、俺と一緒になったんじゃ幸せになれねえから、俺は身を引いたんだ』とか、自慢話をしていましたよ。それでなんか色々、社会問題に関心があるようなことを言ってて『多摩川は浄化槽ですっかり死んでしまったんだ、あんなふうにしちゃだめだ』って言ってて」

彼女がいたこと、身を引いたことは何も自慢話ではないように思うのだが、それも金峰地区の人々にとっては、〝都会上がりの自慢話〟と受け取られていた。少しばかりワタルが可哀想に思えた。

こうして吉本さんの話を聞けば聞くほど、金峰地区のうわさ話の本質や、そこでのワタルの立ち位置が分かってくる。ワタルはかなり、寄り合いのネタにされていた。

吉本さんの話はまだ続く。

「ほいでワタルさん、金峰に帰って川に潜って『この川ももう死んどる！』って。だから『浄化槽なんか大反対』って最初は言っていたのに、自分とこは浄化槽を、しかも無許可でつけてるからね。

すごい自然派みたいな、環境派みたいな感じだったんですよね。で、町村合併して徳山が周南になったとき、議会の解散を求める署名を集めたことがあったんですよ全体で。そのときワタルさんは『おれもそう思うとった』って言って署名してくれた。じゃけ、関東にいる間にそれなりの付き合いもあって、そういう環境派の人たちとも付き合いは多分あったんだろうね。でも後から考えるとあれはポーズだったんかなあ。

　自分でほら、浄化槽をつけてさ、無許可でつけて川に流してね。あれほど浄化槽のことを言っていたのに自分はやるんか、っていう。進歩的な、環境派だというイメージを自分の頭でも描いていたのかもしれないけど、本当に本音はそうだったのかなと」

　金峰地区の村人が話していた通り、吉本さんは自分が直接ワタルに何か注意をしたりすることはなかった様子だ。うまく距離を置いていたのは、関心が村の中ではなく外に向いていたからか。それに加えて、彼女が村一番の高学歴だったことも関係しているように思えた。吉本さんがワタルにエネルギー問題や行政に関する署名を求めた時、ワタルが吉本さんの意見に同調しているからだ。

　高度経済成長期の波に乗り、関東への出稼ぎで大金を稼いで地元に戻ってきてもなお、ワタルには自分は中卒だという学歴コンプレックスがあったのではないか。新宅の豪華な設備は、村おこしのためだったというが、ひょっとすると村で舐《な》められないための見栄《みえ》も加わっていたのではなかろうかと思えてきた。年長者にお礼を言わないのも、方向性は間違っていたが、彼なりに虚勢を張っていたのではないか……。

　そう感じたのは村でのワタルの〝装備〟の話を聞いたからだ。

ワタルは薄紫色のオフロード車に乗って、川崎から金峰へ戻ってきたという。その車と、小回りのきく軽自動車が二台、いまブルーシートで覆われているガレージに停められていた。

「あの車はシンボルだったよね、それと同じカラーのタイルの家を作って」

村中を歩き回って分かっていたが、あの集落を走る道は、車が一台ギリギリ通れるぐらいの幅しかない。つまり、オフロード車は金峰地区では〝不便な乗り物〟でしかないのだ。だがそんな車でワタルは、あの家に戻ってきた。

雑草がいよいよ本格的に生い茂り始める5月に——。

県道の片側、急勾配の山肌から触手のように伸びまくる雑草が、きっとオフロード車の窓をこすり続けたに違いない。それでも、その車で戻ってくるワタル。〝都会から戻ってきた成功者〟として振る舞いたかったということか？　その分かりやすさに、もはや可愛げまで感じてくるのだが、村人はやはり、ワタルの父親の噂のこともあってか、これを「はしゃいでいる若者」とは捉えてくれなかった。

巨大なオフロード車に加えて、もうひとつのワタルのシンボルは、吉本さん曰く〝黒いめがね〟、つまりサングラスだった。いつもかけていたのだという。これは川崎に住んでいるときも、かけていた。

車が一台しか通れない県道で対向車に会うと、どちらかが、道幅の広いところまでバックする。だがワタルはそのように対向車に会っても、決して自分からはバックをする男ではなかったとも吉本さんは言った。オフロード車に乗り、黒いめがねで車をバックさせることなくじっと対向車を見つめる……あの村では、たしかに浮くだろう。

そんな〝都会のスタイル〟で武装していたワタルは、両親が死んだのち、山本さんとのトラブルのような〝異変〟を見せて以降、回覧板も受け取らなくなった。

だがワタルと同じく、かつて一度、村人とのかかわりを断っていた者がいたことを、吉本さんは明かしてくれた。それは例の『魔女の宅急便』のトタン屋根の家に住む独身男性だ。ワタルよりも数歳上である。親しい間柄なのか、サンちゃんと呼ぶ。

「引きこもりみたいになってね、みんなで心配してたの。昼間になってもねえ、起きてこんし。だからお寺の外森さんが、家の窓から入って。『生きとるか死んどるんか分からんけ、これなんとかせんといけん』ちゅって。パソコン教室を立てて校長さんにしよう、って外森さんがパソコン教室を立ち上げて、みんなが習ったの、サンちゃんを校長先生にして。うふふふ」

だが同年代で、同じく人とのかかわりを断っていたワタルにはそこまで目をかける村人はいなかった。聞いていて不公平な扱いだなと思った。いったい何が違うのか？

「ワタルさんは、なんか乱暴だったし、力強そうで怖かったしね。挨拶もしないしね。サンちゃんは、分からないことがあってもすぐ聞くからね」

はっきりしない答えだった。

加えて肝心な、ワタルの父・友一に囁かれていた〝盗人のうわさ〟に水を向けたとき「そういうふうな話はあったみたいですね」と、少し距離を置いた返答をした。流れるように話をする吉本さんが多くを語らなかった。

郷集落で犬や猫が薬殺された話ももちろん知っていたが、犯人には見当がついていないようなそぶりをみせる。ワタル以外の人の悪口は言わないようにと、気を遣っているように見えた。引きこもりになった『魔女の宅急便』の男のことは集落の皆が心配し、窓から部屋にまで入ったというのに、なぜワタルのことは放置したのか。

事件後、吉本さんは引っ越したため、いまの金峰地区では、コープの共同購入は個人宅配に移行している。

＊

『魔女の宅急便』のトタン屋根の家の男性には、6月のお祭りの日の午後、郷集落を歩いているときに偶然会うことができた。

その日、昼過ぎに金峰神社の前に着くと、残念ながら、もうお祭りは終わってしまっていた。だが、祭りの片付けを済ませた村人たちが移動しているようで、この日は普段よりも人や車を見かける。と言ってもそれは、いつもならば誰にも行き合わないところを、2人ほど見かける、という程度だ。

「金峰神社での祭りはいくつかあります。この祭りは台風の頃ですから嵐がこんようにというお祭りでしょう。今日の祭りは大祓《おおはらえ》の式、それから田頭《でんどう》祭、それと風鎮祭。度々やっても大変だからこの3つを一緒にして、集まれる人がやるんだそうです」

鹿野町で会った原田明さんが教えてくれた。『防長風土注進案』や他の郷土史には、この時期は「虫送り」という儀式があったと記されている。金峰地区では古くから虫害に悩まされてきた歴史があるようだ。尋常ではない羽虫の多さは、昔からだった。

集落を歩いていて、ふと気づくと目の前に男性と赤色の痩せた犬がいた。首輪はついているがリードがついておらず、警戒するでも吠えるでもなく、尻尾を振って私に駆け寄ってきた。金峰集落を歩いている時に何度も見た犬だった。男性のほうは、カーキ色の作業服に白い長靴を履いていた。お祭りの片付けでもしていたのだろうか。

「あいつも相当な変わりもんじゃ」

この人が『魔女の宅急便』の家の男性だろうと私は思った。

彼については村人たちからは散々聞いていた。あの屋根を見れば、それはいやでもわかる。1月に家を訪ねた時、外から呼ぶたびに中からテレビの音がどんどん大きくなっていった記憶がよみがえる。

あまり話をしたくない気持ちだったが、住むものが数人の集落の道端で行き会ったため、周りには誰もいない。草木のざわざわとそよぐ音と、アブの飛ぶ音、脇を流れる小川の水の音だけがしている。朝は曇り空だったが、このときはもう晴天だった。前日の雨のせいか、空気はじっとり蒸している。

「こんにちは、かわいいワンちゃんですねぇ〜」

覚悟を決めて、汗を拭き拭き話しかけたら「エービーシーの、エーちゃんじゃ！」と名前を教えてくれた。

男性はワタルと同じく金峰に生まれ育ったのち、名古屋で働いていたが、いつしか郷集落に戻って来ていたと村人たちは言っていた。ワタルについて水を向けると、大きな声で話してくれた。銀縁眼鏡のレンズが汚れて曇っているのが気になった。

「犯罪でもバックボーンがあるもんじゃけど、なーんもないけ、パープーじゃけ。考えが薄いっちゅうかな。自分の中でなんちゅうか閉じこもるちゅうか、バーカ！　っちゅうのも悪いな、世間慣れしちょらん。とにかく気位《きぐらい》が高い。あのう、高止まりちゅうかな、上から目線。バカじゃあないかもしれんけど、考えが浅いちゅうのも……浅いちゅうのかな、ようわからん。あほたれじゃあ。あほたれちゅうか、悪い人間じゃないけどな、考えが浅い。読めない。こちらからは何を考えとるかわからん。ものを言うても、うん。要するにディスカッションするじゃん。そこから入るじゃん。でも入らん。何を言うても」

延々と語ってくれるのだが、自分の発言をすぐに否定するような話し方をするので、なかなか真意が摑みづらい。

「屋根の絵、すごいですねえ！　あれはご自分で描かれたんですか？」

下手に怒らせたくはないので、とにかく褒める。

「あれ、方眼紙があるでしょ。あれ写したのを塗っただけよ。何もかも人のもの。えへへへ。で、うちにも描いてくれちゅうんがくるけど、やれるかぁ、ちゅう。やれんことはないよ、クソめんどくさい」

事件発生時、マスコミは郷集落を撮影するのに、この家の屋根が入らないように苦労したのだと彼は言う。「あっちは殺人のあった場所、こっちはハッピーじゃけね」と笑うが、この絵が映り込んでいたら、視聴者は困惑するだろう。本人にしてみれば、見る人をハッピーにするために描いた絵のようだ。

「わしはネットもやるけえ」とさらりと言った。

若者が発音するように語尾を上げず、網の「ネット」と同じ発音をしたので一瞬なんのことかよくわからなかったが、少し考えてインターネットのことか、とわかった。そこでふと気づいたが、この郷集落では携帯電話を持っている人を見たことがなかった。現在は電波が繫がるようになったと私は思っていたのだが「SoftBankが繫がるようになっただけ」と言う。SoftBankの私でも、時折電波が途切れる場所があることを知っていたが、他のキャリアはまだ電波が繫がらないのだ。ワタルは携帯電話を持っていたというが、離れた場所でしか使えなかったはずである。

そんな村で、インターネットを使えるというのは、よほど進歩的な家であろう。金峰地区に来て初めて文明を感じた瞬間だったが、次に彼は、傍に寝そべるエーちゃんを見ながら、こんなことを話し始めた。

「石村の文《ふみ》ちゃんとこが飼いよった猫を、この犬が殺しちょるけ、この犬が。文ちゃんが死んだ後、うちがその猫に餌やりよったんよ。毛が柔らかいからな、抱き心地ええんよ。でもうちで飼いよる猫と喧嘩しはじめたけえ、両方とも追い出したんよ。そのところをこれが朝方8時ごろ、ギャッて殺しちゃったんよ。

ギャーっていって殺したら、次の朝、同じ時間に、文ちゃんが『ありがとうございました』ってオバケがでてきた。『おはようございます』って、オバケ、8時ごろ。声でわかるじゃん。

3月の23日、28日ごろかな、文ちゃんがな、玄関とこで。顔見たら『ありがとう』って。猫を殺した。餌やりよったからな、わしが、文ちゃんが飼いよった猫のな、わしが、餌を1年ぐらいやりよった。背中に冷たいもの走るよ、顔を見んでも。あなたオバケ見たことある？　見た方がいいよ一回ぐらい……」

この話を聞いている私の方が、背中に冷たいものが走ってきた。同時に、毛穴から汗が噴き出してくる。

祭りに使った道具だろうか、彼は榊《さかき》を2本の木の棒で挟んで、それを結《ゆ》わえたものを何本も腕に抱えながら話していたが、添えている左手には鎌が握られている。話しながら、その鎌の先端でボリボリと額を掻きはじめた。刺さりはしないかと驚いたのだが、その鎌を持つ左手に小指がなかったことにはもっと驚いた。

よそ者を威嚇しているのだろうか？　だが、ここで鎌で襲われでもしたら、私が未解決事件の被害者になってしまう。

さすがに指のことには触れられない。普段より、さらに穏便に、と心がけながら色々と話を聞いた。すると最初は「なんでも聞いて」と言っていたのに、河村さん宅の風呂場が燃やされた話を聞いているところで、

「もう、いいかげんにして。よそんとこいって」

なぜか話を打ち切られてしまった。

ワタルと同じく引きこもりになっても、村人たちが助けてくれた理由を、この一度の邂逅《かいこう》で推察することはできなかった。

だが、ワタルの父親・友一にまつわる、うわさ話については興味深いことを聞いた。

「うわさ話じゃないけどまあ、泥棒の話は事実じゃからな。だが別に、目の前で『お前の親は泥棒したじゃろ』ちゅうバカもおらん。なんぼ酔っ払ってもそんなことは言いやせん」

ワタルの父の友一が盗人だったという話は、本人やワタルに言うのではなく、あくまでも

村人たちが、陰でひそひそと囁いていただけのようだった。

そうだとすると、ワタル側の人間……友一をはじめ、ワタルとそのきょうだいや、ワタルのいとこたちは、自分たちの家族や親類が〝盗人〟だと囁かれていることを知らなかったのだろうか。

後日、私は徳山駅のそばにある周南市立中央図書館へ向かった。徳山に来る前に連絡を入れてあり、金峰地区に関する郷土史を集めてもらっていたのだ。

# 保見家

ワタルは、保見友一とその妻との間に生まれた6人[3]きょうだいの末っ子である。

家族の誰かひとりにでも話を聞きたい。また友一の兄である順一、徳市はすでに亡くなっているが、その子供たちは、ワタルとは従兄弟《いとこ》の間柄である。子供時代に付き合いがあってもおかしくはない。

周南市立中央図書館に用意してもらっていたのは『金峰百年の歩み』という本だ。金峰地区に近い鹿野町にある、周南市立鹿野図書館に問い合わせをした際、この本が所蔵されていると聞き、あらかじめ中央図書館に送ってもらっていた。

郷集落にある「金峰杣の里交流館」は公民館の役割を果たしており、事件当時、村人たちが避難していた。実はここは以前、金峰地区の子供たちが通う「金峰小学校」だった。

明治8（1875）年に須磨小学校分校として開校し、明治20（1887）年には分校から独立。郷簡易小学校など名称は何度か変わったが、戦後に金峰小学校となり、昭和50（1

975）年に100周年を迎えた。これを記念し、卒業生らの手によって昭和51（1976）年に刊行されたのが『金峰百年の歩み』だ。

生徒数は明治後期から戦後がピークだった。明治42（1909）年には117人、大正11（1922）年には113人、そして昭和21（1946）年には最大の169人となる。昭和30年代（1955～）には、須磨小学校の一部だった奥畑分校が金峰小学校の分校となっていたが、両校とも生徒数の減少が続き、昭和48（1973）年には生徒数2人となった奥畑分校が金峰小学校に統合された。100周年を迎えた頃は生徒数が11人となっていた。

それでもこの年は、卒業者名簿の編纂や記念碑の制作とその設置、『金峰百年の歩み』の作成、記念式典の他、金峰小学校の全室にカラーテレビが設置されるなど華々しい行事が続いたが、児童数の減少には歯止めがかからず、100周年からわずか3年後には鹿野小学校金峰分校へと改校される。平成4（1992）年には、生徒がひとりだけとなった。その児童が卒業した平成7（1995）年には在籍児童数がゼロに。卒業式の半月後に休校式が行われ、平成15（2003）年で廃校になった。

ページをめくると最後のほうに「金峰小学校卒業生一覧表」があるのが目に留まった。明治27年度から、昭和50年度までの卒業生の名が並んでいる。明治時代の終盤からは、刊行当時の住所も掲載されていた。別のページには一部の卒業生が刊行に合わせて学校の思い出話を綴った作文が掲載されている。そこにワタルの父親、保見友一のものがあった。

［思い出］

保見　友一（大正十一年卒業）

明治・大正・昭和と時代は移り変って参いりましたが、変らぬ物は金峰地区の皆様方の暖かい人情と周囲の山の緑、又、谷間を流れる水の清さは永久に変らない物と思います。さて、私は明治四十二年六月生れで今より約六十年前の大正五年四月、金峰小学校へ入学致しました。当時は生徒も百数名おり、通学区域も金峰、奥畑の一部朴、大谷、奥光と他部落、他村にわたり通学路も学校の上を通る鹿野線下を通る大向線と二道あり、私達は下の道を通ったものです。

学校の運動場には大きな桜の木があり、夏はたいへん助かったものです。運動場を更に二十メートルくらい東に行くと数段の石段を登り、右手に八重桜、左手に校舎つまり二段式の運動場といえましょう。校舎は平屋建で五、六年教室の次に奉安殿があり両陛下の御写真と教育勅語が安置され、一年何回か儀式の時校長先生が背広の服に白手袋、蝶ネクタイで勅語を読んで下さったのが今も頭に残っています。……（中略）……

ここに百周年を迎え、金峰地区は言うに及ばず地区外の皆様方の御協力により、礎真の文字を刻み、記念碑を建て過去の業績を回顧しながら未来を予測して、郷土教育の発展のために理解と協力をしたいと思います。

やがて自分の息子が金峰地区の歴史に殺人という凶行で名を残すとは、よもや友一も想像すらしていなかっただろう。周囲に柵を立てられ、荒れ果てて訪れるものもない彼の墓を思い出した。

私はこの本の一部を図書館でコピーし、その後「金峰小学校卒業生一覧表」から「保見」姓の卒業生を表にまとめた。金峰地区には特定の苗字が多い。「高光」の他、被害者と同じ「石村」「河村」「山本」「貞森」姓が目立つ。金峰神社参道脇にある墓地や石碑にも、これらの姓が多く確認できた。

とくに「石村」は『防長風土注進案』にも見ることができる。「保見」姓については、明治時代の〝村政紛糾事件〟についてさらに詳しく記された『須金村史』に、奥畑（旧須万村）の保見という姓を確認していた。初年度の卒業生一覧表にも「保見」姓のものがいた。だが同じ姓だといっても親類ではない場合もある。卒業生一覧表から保見姓の者を拾い上げ、ワタルの親類の名を金峰地区で聞いて回った。当時まだ「中」だった、ワタルの名もそこにはあった。

ワタルの父、保見家・三男の友一は１９２２年に金峰小学校を卒業しており、次男の徳市はそれより9年前に、長男の順一は14年前に卒業している。順一は刊行当時すでに「死亡」と記されていた。

次男・徳市の息子のなかにワタルより10学年上で、生きていればもうすぐ80歳になる男性がいた。ワタルの従兄弟にあたる人物だ。卒業生一覧表からまとめた表を眺めると、当時の徳市と同じ住所が書かれていた。すぐに出発する。徳山の市街地からそう遠くない、高台の住宅地の一角にある古い家にようやくたどり着いた時、靴には雨が染み込んで、すっかり重くなっていた。

呼び鈴を鳴らしてしばらくするとドアが開き、出てきた小太りの年配女性が「何ですか？」と低い声で言った。たしかに、こんなに激しい雨の中での、突然の訪問者は怪しい。事件のことを尋ねようとした矢先、その女性が「もう関係ないもん！」とかぶせるように答えた。徳市の息子の妻だという。そして、徳市の息子はすでに死んでいた。

「もう死んで13年になる。あそこに住んでないからね、一切。主人も学校を出てから一切あっちにはおらんかったから」

迷惑千万といった調子で「関係ないから」と繰り返す。夫のきょうだいも皆、亡くなっているとその女性は言った。徳市のことを尋ねても、「昭和47年にここに家を建ててから、おじいちゃんもここに1年ぐらいしかおらんかった、あとはもう病院じゃったからね」。

村で流れている友一のうわさ話についても知るはずがなかった。突然の訪問を詫び、長男・順一の息子の家へ向かうことにした。

順一の息子は、さきほど訪ねた従兄弟よりも、ひとつ年上だ。卒業生一覧表には、「保見」とは違う名字が記されていた。村人たちは、婿養子に出たのだと話していた。

その家へたどり着いた頃には、激しく降っていた雨もあがっていた。呼び鈴を押すと、先ほどよりも年配の痩せた女性が出て来た。順一の息子の妻だった。夫は生きているが留守だ、と言い張る。先ほどと同じように、少しだけ玄関前で立ち話をさせてもらった。

姓が変わったのは、やはり婿養子となったからだった。

「主人は昭和34年ぐらいに金峰を出て、38年にはここに来ました。お義父さん（順一）も、内臓が悪かったらしくて早く亡くなったからね。主人が小学校の4年生ごろに亡くなったっていうから、私も会ったことがないんよ」

保見家を出て別姓になっていることもあってか、徳市の息子の妻よりよほど強めに「だからね、関係ないんよ」と5回ほど繰り返した。

「あんまりあれすると、息子たちもいやがるからね、いやがるからね」

この家に養子に来たワタルの従兄弟は、ワタルが小学校を卒業する前にすでに金峰を離れていた。順一も早くに亡くなったため、そもそも実家に帰省することもなかった様子だ。

「もう全然、事件のだいぶ前からあっちには行ってないですから」

叔父やいとことの付き合いがあったか確認したが「ないです。親元とも行き来はないしね」と言う。順一の息子たち同士は交流があったようだが、それ以外の親戚との付き合いは皆無だった。

ワタルの父に関するうわさ話は、やはり聞いたことがないと言った。

＊

では、ワタル自身のきょうだい、つまり3人の姉たちはどのようなうわさ話を耳にしたことがあったのだろう。金峰地区に戻ったワタルから、当時何か悩みなど聞いていなかっただろうか。金峰地区の村人たちにワタルの姉の名を聞いて回ったが、男性の村人は、女のきょうだいの名前をよく覚えていない。ならばと女性の村人に尋ねると、たちどころに全員の名を教えてくれた。

ワタルが上京していっとき一緒に住んでいた長男は、すでに他界している。その下にいる長女は、ワタルとは年齢が15歳離れている。一緒に住んだ期間は短そうだ。

次女はワタルの7歳年上。広島にいるという。『金峰百年の歩み』刊行当時からすでに広島の住所になっていた。三女はワタルよりも3歳年上だった。

長女、三女ともに、表に書き写した住所は徳山市時代のもので、いま地図を確認しても出てこない。ダメ元で詳しい場所を聞いてみたところ、女性の村人はそれも知っていた。

「一番上のお姉さんは事件で逃げとっちゃったけど、もう戻って来とると思うよ。一番下のお姉さんは、ちょっと厳しいかもしれん。家のまわりにお塩持ってきて盛り塩するような人じゃったから。なんか信仰しちょっちゃったかもしれんねえ、っち言いよったんよ。盛り塩みたいのを家の角にねえ、して歩きよったような人じゃけん」

金峰地区から一番近い長女の家を探しに行くことにした。10キロほど東側にある「須金」という地域に住んでいるという。ここは本来の地名は「須万」だが、地元の人たちはこの近辺を「須金」と呼んだ。

車を走らせると、梨とぶどうの農園がいくつもあった。鹿野町より小さいが、金峰地区よりはるかに大きな集落だ。おそらく「須金」の中心地だろう。だが、姉が住んでいるのはそこから少し離れた川沿いだった。二軒並ぶトタン屋根の古い民家のうちの一軒が、姉の住む家だという。地震が起きたら家が川に倒れてしまいそうなほど、川の上の崖っぷちすれすれに建っている。

車を降りて家に近づくと、ワタルよりも若い、50代ほどの日に焼けたショートカットのずんぐりむっくりした女性が、首にタオルを巻いて大きな犬を2匹散歩させていた。声をかけると長女の娘、つまりワタルの姪だった。「出戻った娘が一緒に住んでいる」と村人は言っていたが、その娘のようだ。本当に金峰地区の人たちは情報通である。

話しかける前から険しい顔つきだったが、やはり取材だと告げると、太い声で怒り出した。

「もういいですよ！　やっと大人しくなったのに」

ワタルの従兄弟の家を訪ねた時にも「記者の人がたくさん来た」という話を聞いていたが、

ここにも事件当時、報道関係者が殺到したようだ。「逃げていた」と言っていたから、直接のきょうだいへの取材はよほど過熱していたにちがいない。

大きな犬の1匹はシベリアンハスキーに色合いがよく似た雑種で、もう1匹も赤色の大型雑種だった。ちょうど散歩から帰って来たところなのだろう。犬たちはその女性を引きずりそうな強い力で、どこかへ走り出そうと何度もリードを引っ張る。最後は1匹の首輪が外れて、どこかへ走り出してしまった。

「あ〜もう!!」

さらに怒りを買ってしまったようだ。ワタルの姉に話が聞きたいと頼み込んだが、「いま具合が悪くて寝とる！」と睨みつけながら怒鳴ってくる。何をどうやっても、会わせてはもらえなそうだ。この犬も〝人避け〟なのだという。家の中には6匹の猫もいるらしい。

「もういいですよ、ずっと。わかるでしょう？　何年も何年もつきまとわれて、やっと大人しくなったかなと思うてるのに、ぎゃーぎゃー言われたら。前にお話しした通り、この前の取材の時も言ったけど、その通りよ！　あれは言ったのは、もう出てたじゃない。じゃけ、もう話すことがない！」

それでも、ワタルがこの家を訪ねることはあったかと聞くと、犬に引っ張られながら右へ左へとゆらゆらしながら、答えてくれた。もう1匹の犬は女性の周りを走り回っている。

「来てないですよ、私が知る限り、母は20歳で嫁に行ってから先、接点がなかったからね。

戻って来てから何年か経って、あそこに仏さんがおったから、拝みに行きよった。それを私が連れて行く。それぐらいですよ。最後に会ったのはちょうど一週間ぐらい前かな。仏さん拝みに行っただけ。拝みに行きたいって母が言うから」

ワタルが事件前に集落で孤立していたという話をしていなかったかと聞いたが、やはり厳しい口調で返された。

「話でも聞いていたらそうだろうけど、本人から話も聞いてないんじゃから。だけん、あげなのが起こって初めて、どうしたんじゃろうか、ちゅう話。ガーガー言うて来てくれてたけど、来られてもね、わからんものはわからん」

彼女も、事件前に村人との関係についてワタルから何も聞いていなかったという。同じく何も知らなかった長女は、事件から体調を崩したそうだ。

「私らの身にもなってほしい。だから、やったことに関してはしょうがないと思うけど、もう縁を切りたい。はっきり言うて。まあね、身内じゃ仕方がないのかもしれんけど、やっぱり年老いてかわいそう、こんな思いせんにゃいけんかも。だけ、もう面会にも一切行かない。行く必要がない。私からすればよ」

公判情報によると、長女は事件1カ月前にワタルの家を訪ね、線香代1万円を渡していた。「仏さんを拝みに行きたい」と言って金峰に出向いていた姉は、本当は弟の経済状態を案じていたのかもしれない。ワタルは郷集落に戻って来た時には1000万円の貯金があったが、それを取り崩す生活をしており、事件を起こした年は、家財道具を売却した金や、姉からの線香代で5万9000円の収入しかなかったという。犯行時の貯金はわずか1627円、所持金は4246円だった。

「もう来んでいいです。ほら入るよ！」

フクとクロと呼ばれる大きな犬たちを中に入れ、彼女も家の中に入ってしまった。

時折、郷集落のワタルが住む家に立ち寄っては〝盛り塩〟をしていたという三女は、徳山駅から少し離れた「ボートレース徳山」の近くに住んでいた。呼び鈴を鳴らすが、応答がない。引き戸を開けようとしたが閉まっていた。車もないので外出しているのか。

同じ日に時間を空けて何度か訪ねたが、一度目以降は車も停まっており、引き戸も施錠されておらず、部屋の窓も開いているのに、何度大声で呼んでも出てこなかった。当時、姉たちのもとには、いとこたちとは比べ物にならないほどの数の記者が押しかけたのだろう。引き戸を開けて中を覗くと、きちんと揃えられた靴が5、6足並んでいた。

なんとか長女に直接話を聞けないものだろうか……。私は、娘が犬の散歩に出ているであろう時間帯を見計らって、前回よりも少し早い時間に再度、長女の家を訪ねた。娘は1時間半ほど、犬を散歩させると言っていたからだ。

家に着くと、犬はいなかった。車はある。この少し前にも訪ねたがそのときは車もなかったので、いまは長女だけがいるのではないか。しぶとくドアを叩いたが、応答がない。外の空気を入れるためかドアが10センチほどだけ外側に開いていたので、その隙間に顔をぴったりと押し付けて「すいませーん」と何度か呼びかけた。

しばらくその体勢で呼び続けると、怒った調子の声で「何ですか！」と返答があった。昨日の娘と声が違うので、長女かもしれない。だがドアの隙間からその姿は見えない。しばらく呼びかけながら覗いていると、ようやく長女が隙間の視界に入った。

入り口からすぐの壁沿いに置かれた冷蔵庫の前に立っている。白地に小花柄のジャージー生地のネグリジェを着た長女は、痩せた身体に白髪頭で、ワタルより世代が相当上の老婆だった。

「お話を聞きた……」

ここまで言うと、それを遮るようにきっぱりと長女は言った。

「いえ、私話すことないです、いま寝とるんじゃから。いま寝とるから、何にもできんから。もう、何にも話すことないです。いま自分の身体が一生懸命じゃから。心臓が悪いんですよ、寝とるんじゃから。だからお話しすることは、できんのですよね。はい」

何を聞いても「いま寝とるんじゃから」しか返ってこなかった。平穏な日常生活を脅かされることになった元凶であるワタルには、怒りしか持っていないようだった。

田舎で起こった大きな事件。近所のものも皆、彼女たちがワタルの姉であることを知っている。姉たちは何も悪いことをしていないのに、多くの記者から事件について繰り返し聞かれ、いつまでも平穏な生活を送ることができない。私も取材に出向いている身なのでこんなことは言えた立場ではないが、弟が起こした事件に死ぬまで苦しめられるという意味では、彼女たちも被害者なのである。

そして次女は、広島県廿日市《はつかいち》市の住宅地に住んでいた。

地図で見ていたときは平地の住宅街だと思っていたが、タクシーに乗ってみると、かなり高台にある。ひと山のぼったところの、さらに山の上にある住宅地なので、金峰地区同様、車がないと生活は厳しいだろう。運転手さんは、ここは冬が寒く、雪が積もるのだと言っていた。そういうところも金峰と似ている。

平日の昼間に家を訪ねたが、誰もいない。近くで少し時間を潰して何度か訪ねようと計画していたのだが、ここも金峰地区同様、ファミレスが全く見当たらない。かなり歩いてようやく大型スーパーにたどり着いたものの、休憩できるような場所はなかった。

近くのバス停のベンチに腰掛け、スーパーで買った便箋《びんせん》に姉への手紙を書いた。もう一度行って不在だったら手紙を入れておこうと思っていた。数時間後に再び訪ねたが、このときも不在だった。手紙をポストに入れて去ったが、返事はない。

# うわさ

「女房が死んでから、なんもやる気がおきん」

金峰地区を訪れるたびに、私は河村さんのお宅に寄り、毎回、こう言われた。

昼間に起きて、湯飲みにビールを注いで飲み、夜には焼酎を飲む、という生活を続けているらしい。6月の金峰神社の祭りにも出なかったと言った。最後に取材に出向いた際は、足首がひどく腫《は》れていた。歩くのもやっとという様子で、部屋から部屋への移動も、歩幅15センチほどのヨチヨチ歩きで進むので、時間がかかっていた。病院での診察を勧めてみたが
「そのうち治るじゃろう」などと言う。半年ほどで目に見えて弱ってきている。

「ぼくは、自分のことを言うて大変恐縮じゃが、100メートル12秒でね、徒競走なんてのはそりゃ、全然負けたことない、そりゃ、徒競走やりゃスターターやけね、いつでも。速かったよおれは。色々仕事をすりゃ、ぬるいけど、えへへ……色々なことは、そりゃすごかったよ」

訪問を重ねると、そんな昔話をしてくれるようになった。寂しさから、取材も断れないのかもしれない。

こんな話もしてくれた。郷集落の家は、もうひとつ〝苗字〟を持っていたという。

「石村文人は、『西』ちゅうんですよ屋号は。だから『西のふみちゃん』っち言う。屋号で呼ぶの。うちは橋本っちゅうの。ここはね、札所なんですよ。だから普通、昔の人は皆、『橋本』っち言いますよ。

文人さんとこの下の家は、まあ、いまはおらんようになったけど『インキョ』っち言いよったよ。西の兄弟で『インキョ』。それで、お宮のあれは『アンサコ』ち言いよった。いまでも近所の人はそう言いますよ。呼び名ですよ、昔の。ここでは、橋本のふうちゃん、いうのはわしのことですよ。あはは」

なぜ屋号があったのかを聞いても、古くからそう呼び合っていたためか、理由は分からないという。たしかに、お宮の神主さん宅の表札には「安左子」とあった。農民が苗字を名乗ることを許されなかった江戸時代に屋号で呼び合っていたのだろうか。ワタルの家は「あれは後から来たんで屋号はなかった」と言う。古くから変わらず同じ地に住む家にはこうした屋号がついているようだ。

そんな、金峰地区の歴史を聞いていると、河村さんは唐突《とうとつ》に言った。

「わしおらんじゃったから。わしはよう殺さんじゃった。女房は家に帰って、したら二階におったからね。わしゃおらんじゃから。おらんけ、女房が殺された」

事件の日、友人たちと愛媛県へ旅行に出ていたことを河村さんは悔やみ続けていた。ワタルは女性の村人を「おびく」（罵る）ことが多かった。自分が田んぼに出ても何も言われないが、奥さんが田んぼに出ると、ワタルにおびかれる。だから、事件の日に自分がいれば、ワタルはきっと何もできなかったはずだ……。

長年連れ添った妻を守れなかった自分への後悔と、妻を突然失った喪失感に日々苦しんでいる。この金峰地区で、事件を受けてもっとも苦しんでいるのは河村さんのように思われた。

すっかり日が落ちてしまった頃、河村さんの家を出た。自宅で作ったという干し椎茸を袋いっぱいに持たせてくれた。あのガレージの乾燥機で作られた干し椎茸は、大ぶりで立派なものばかり。「売れば2000円くらいになる」という。

干し椎茸を持って一緒に外に出ると、目の前を流れる小川におびただしい数のホタルが舞っていた。虫が多いこの地域は、ホタルも多い。

「ようけおるでしょう、水が綺麗じゃからね」

少し得意げに、河村さんが笑う。

ワタルの家の前にも川が流れている。彼の目にも、事件が起こる前までは、窓からこのホタルが見えていただろう。そして、5人を殺害後、山へ逃げたときも。

しかし、夜になるといよいよ金峰地区は寂しさを増す。街灯もほとんどない。家と家との距離も遠い。昼と同じく、ざわざわと風に揺れる草木の音と、川のせせらぎの音だけが響く。無数のホタルがぼんやりと黄緑色の光を放っているが、道を照らしてくれるほどではない。車を停めている金峰神社のふもとに戻るため、真っ暗な道を歩いていると、自分だけが他の世界にいるような錯覚に陥りそうになった。

そういえば、熊も出ると聞いた。ここで食い殺されても、なかなか気づかれないだろう。そんなことをつい考えてしまう。またこれほどの田舎なら、ちょっとした悪事もバレないような気がしてくる。自分の倫理観も揺らぎそうなほどの暗闇だ。早くコンビニのある街に戻りたい。スマホで地面を照らしながら車まで走った。

事件発生から4年が経った、2017年7月21日。

この日も、私は金峰地区にいた。徳山駅近くに宿を取り、そこに荷物を置いて、いつものように車で菅野湖沿いの県道を走り、ワタルの家の前に着いた。金峰神社にお参りをして、その後あちこちと歩き回ったが、報道関係者に会うことはなかった。〝山口連続殺人〟はすでに忘れ去られた事件なのだ。村人たちにとってもそれは同じで、事件の日であることを忘れている者もいた。だがそれも無理からぬことだろう。この集落にいまも住む被害者遺族は河村二次男さんしかいない。彼以外は、とうの昔に日常を取り戻している。

〝危険な集まりだった〟と村人に言わしめた「コープの寄り合い」は、たしかにさまざまな情報が集まる場だった。ワタルに関しては、ワタル自身が村人たちとの交流を断っていたからネタがなかったとはいうが、だからこそ少ない情報でも皆は報告しあっていた。

携帯電話も使えず、すぐに手に入る娯楽はテレビとラジオ程度。インターネットを使うと明言していたのは『魔女の宅急便』の家の男性のみ。いま私たちは、スマホを何気なく操作して気軽にインターネットを利用している。SNSを見れば、芸能人だけでなく、繋がっている友人知人たちの近況を得ることができる。そうしたツールを持つものがいないこの郷集落で「うわさ話」は都会におけるインターネットと同じような、当たり前の娯楽のひとつだった。他にする楽しみがないがゆえに、爪の先ほどの小さな情報が数人の輪の中で増幅し、肥大化し拡散されてゆく。

そんな環境のなか、犬や猫が次々と死に、ボヤ騒ぎが起こる。これらの〝犯罪〟は、コープの寄り合いとは無関係の村人に嫌疑がかかっているが、疑心暗鬼《ぎしんあんき》になる者がいてもおかしくはない――あそこの集まりで悪口を言われたら、恐ろしい目に遭うのではないか。

うわさ話ばっかし、うわさ話ばっかし。
田舎には娯楽はないんだ、田舎には娯楽はないんだ。
ただ悪口しかない。

山中から発見された遺留品のひとつであるＩＣレコーダーに、ワタルが吹き込んでいた言葉を思い出した。

本当に、この村は〝うわさ話ばっかし〟だった。

それは、ワタルとその父・友一に関するものだけにとどまらない。

事件当初からこの村ではワタルへのいじめがあった、と騒がれていた。だが村人たちに話を聞けば、草刈機を燃やされた話は真偽不明であり、河村二次男さんに農薬を撒かれたという話も、実際には農作業の際に多く農薬を撒く河村さんと、それを「故意に撒かれた」と受け取ったワタルとで認識が違っていただけのようだった。ワタルを標的とした〝いじめ〟は確認できなかったのである。

だが、〝いじめ〟の加害者の代表格として河村二次男さんは名指しされている。インターネットの匿名掲示板には、河村さんこそワタルが本当に狙っていた人物だという書き込みがあった。私がこの事件を取材するきっかけとなった週刊誌の記事にも、そうあった。しかもネットや雑誌だけでなく、金峰地区でも「保見の本命は河村さんだったはずだ」と囁く村人がいた。

「役場に勤めていた時から嫌われちょった」

「風呂場も自分で燃やしたんじゃろう」

こんな心無いことを言う者までいた。

コミュニティがあれば、そこにはうわさ話が存在する。私の住んでいた田舎でも、地元の人たちに関するうわさ話を母親が嬉々として話す姿を見たことがある。そこには、誰かが良い大学に進学したとか、大企業に内定をもらったという、誉《ほま》れな話も多々あった。だが、ここでのうわさ話の内容は、よくないことばかりなのだ。

金峰地区では、被害者5人とワタル一家、河村二次男さんに関するうわさ話だけでなく、郷集落全員の村人についてのうわさ話を、私は聞いた。

たとえば『魔女の宅急便』の家の男性についても、こんな調子だ。

「あいつも泥棒じゃった」

「ろくなもんじゃない」

「変わっとる、話さんほうがええ」

エネルギー問題に取り組む吉本さんに対しても同様だ。

「理屈にあわんことを言う」

「原発に反対しとるくせに、電気をたくさんつけとる」

別の村人に対しては「偉そうじゃから、話さんほうがええ」などと言ってくる。

表面上は何事もないようにコミュニケーションを取るが、いない場所では悪口を言う、この村は、そのような者たちの集まりだった。

一方〝うわさ話ばっかし〟の郷集落は、他の集落からはどう思われているのか。少し離れた集落で尋ねたことがあった。

「いやいや、郷は仲悪かった。皆ね。あんま仲良くない。行ってみたらわかるけど、草でも刈ってあるとことないとこがあるじゃろ。たぶん和気あいあいじゃないからね」

「普通のところに比べたらものすごい複雑な地域ちゅうか、犯罪が起こりやすい地域ちゅうか。そういう人が住んでいたということが、あるんじゃろうね。ここに住むのはそうしないと住めんじゃったもん。郷集落に住まうということはそれなりの覚悟がなきゃ住めんかったんやろうね。世代交代のたびに、いろいろなことが起こる」

「郷は、とにかくね、一つのことに対してものすごい意見が出よったところらしい。それで結局最後にはまとめるものがおらんからご破算《はさん》になる、ちゅうのがずっと前から続いとったらしい。何をやろうにしても歩調があわんところじゃった。皆がすべてまとまってやるんじゃったら事件は起こらんじゃった」

ワタル一家が〝盗人の家〟と郷集落の中で囁かれていたように、周辺集落からは、郷集落自体が、白い目で見られていたのだった。

# ワタルの現在

私は何度か、広島拘置所にいるワタルに手紙を書いていた。あなたの事件を取材している。事件のことを聞かせてほしい、という意図が伝わる簡単な内容のものだ。だが、しばらく返事はなかった。

勾留されている被告人は、外部と好んで連絡を取りたがるタイプと、弁護士や家族が報道関係者との文通にストップをかけているなどの事情から、連絡を全く取りたがらないタイプがいる。記者を、所属している媒体名や会社名で選別するタイプも多い。相模原市の障害者施設「津久井やまゆり園」で2016年に入所者19人を殺害した植松聖《さとし》被告もこのタイプだ。ワタルはもしかして誰とも連絡を取りたがらないタイプなのかもしれない。

ヒントを得るために私は、これまで発表された、この山口連続殺人事件に関する記事を改めて確認してみた。するとワタルが直接取材に応じているものは、私がワタルの取材を始めるきっかけとなった、夜這いにまつわる記事を掲載した週刊誌一誌のみ。改めて読み直すと、ワタルは取材にはなかなか応じないのだ、と書いてあった。

文通や面会はできないかもしれない。

もう一度だけ手紙を書いた。するとしばらくしてワタルからハガキが届いた。縦書きの宛名は、それぞれの字がきちんと縦に揃っており、その大きさや間隔も均一だ。郷集落の新宅に綺麗に貼られた薄紫色のタイルの整然とした並びや、稲田堤の、ワタルがタイル貼りを請け負ったというマンションの外観を思い出した。

だがその筆跡は異様である。とくに「光成」の「光」は、外側がすべてくねくねと曲がっていて、全体を見ると卍《まんじ》型手裏剣のように見えてくる。宛名面をひっくり返すと、同じようなくねくねした文字でこんなことが書いてあった。

「前略
ルポライター気分ではダメです
事件記者として来る様に
必ず虫メガネ持って来る事。ダイソーで一番大きく見えるやつ
津本　陽の拳豪伝　上・下
時代小説読んでる時が

一番充実しています。
犬の話しはダメです
法廷で．国選検事　猿芝居
モニターに・写し出された・でっちあげ
光成」

「つけび」の貼り紙を思い起こさせる五七五調のメッセージもふたつ、書き添えられていた。すぐに私は、近く面会に行くことと、虫めがねを必ず持って行くことを書いた手紙を返信した。

ワタルは事件を起こす時、犬を2匹飼っていた。ICレコーダーの音声データでも、その名を聞くことができる。「ポパイ」は雑種、「オリーブ」はゴールデンレトリバー。事件を起こして山へ逃げる前に、ワタルはポパイとオリーブに腹いっぱいごはんを食べさせ、山に放った。だが山には行かず、家の前にじっといたのがオリーブだ。

ポパイは、ワタルが逮捕されたのちに山から降りて来たところを発見され、周南警察署に保護された。

彼らのことは聞いてくれるなというのがワタルの条件のようだ。

私はそれまでに、ワタルが飼っていたポパイを保護している動物病院を取材していた。

事件直後の2013年8月に、飼い主を失ったポパイを引き取ったのは周南市の「シラナガ動物病院」である。
一方、オリーブはワタルが逮捕された瞬間に突然死んだ、と事件当時は報じられていた。
「奇しくも保見の愛犬、ゴールデンレトリバーの『オリーブ』は、保見が確保された時刻の一分後、心臓発作で死んでいる」（週刊文春　2013年8月8日号）
「オリーブは、保見容疑者が下着一枚で山中で確保された1分後、ひっそりと息を引き取った」（FRIDAY　2013年8月16日号）
愛犬家たちはその一蓮托生《いちれんたくしょう》ぶりに涙していたが、偶然にしては出来過ぎているこの符合は「つけび」の貼り紙とあいまって、ますますこの事件を不穏なものとして見せていた。
しかし、実はそこまでドラマチックな話ではなかったと、院長の白永伸行さんは言う。
「警察は遺留品として扱っていたため、オリーブを周南警察署に置いていたらしいんです。その後、市役所に移送されたのですが、それは殺処分コースなんですね。そのためボランティア団体さんが引き取り、別の環境の良い団体さんのところに運んでいるところで死んでしまったんです。逮捕直後に死亡に気づいたということであって、その瞬間にまさに死んだ、ということではないんですよ」

そうした出来事があったのちに、ポパイが発見された。また同じようなことが起こらないように、徹底的にケアしてあげようと腹をくくり、引き取ることに決めたのだという。

「病気も治してあげました。保見さんは予防関係をちゃんとしていなくて、ポパイはいろいろな病気を持っていたんです。

いわゆる限界集落に住んでおられる方だから、都会じゃ考えられないかもしれないけど、地方では、動物病院に犬猫を連れて来てお金まで出して治してあげようとする人は2、3割です。狂犬病の接種歴もなかったそうです」

ワタルは都会風を吹かせていたが、飼い方は田舎のそれだった。

「狂犬病の予防接種は、行政と自治体と一緒にトラックに乗って、何時から何時まではここ、何時から何時まではここと町内に行って、そこで青空で注射を打つんですが、郷の会場は彼の家の目の前なんです。あそこに注射で行く時って、5頭か6頭くらい来ていたんですよ。でも保見さんはその会場には来ていなかったそうなんです。

広場にはカーブミラーが立っていて、それが場所の目印でした。皆そこで注射を打ってもらっていて。何気なくパッと前を見たら、そこに家があって、中に犬がいる。なのに家の人が出てこないから、そのまま帰った……そんなことがあったので、僕らは覚えていました。

まあ、そこで打たなくても自分が動物病院に連れて行って打てばいいんですけど、接種歴はなかったです。保見さんはかわいがっていたみたいですけど、犬の健康のための努力はそんなにしていなかった。フィラリアという感染症があり、保護した時点で、ポパイはそれにかかっていたんですよ。駆除しましたけどね。だからもう、預かっているんだけどまあ、うちの犬と思うしかないよね」

そもそもポパイとの縁が生まれたのは、ワタルの〝嘘〟がきっかけだったという。

「保見さんね、困ったことに『うちの病院に犬を診《み》せに行ったことがある』って適当なことを言っていたらしいんです。実際にはカルテはなかったんですけど。なので警察が事情聴取に来ましたよ。おたくのカルテ見せてください、って。でも受診していないから、カルテもないんですよ」

インターネットで『周南市　動物病院』と検索をかければ、シラナガ動物病院はトップにヒットする。ワタルも知る、有名な動物病院だったということなのか。ともかくそんな縁もあり、ポパイの引き取りを決心したという。

そのポパイの性格を尋ねると、白永院長はこんなふうに表現した。

「保見さんだけに溺愛されていた存在だから、すごい臆病なんですよ。人見知りです。そして女好き。男ひとりにしかずっと相手にされてなかったから。うちの女性スタッフにはすんごい懐《なつ》いていますよ」

ワタルが村人との交流を避けた結果、犬も人見知りになってしまったのだという。

屋上にある大きな犬舎「サニーハウス」にいるというので、女好きのポパイを見せてもらうことにした。犬舎に入ると、その奥で黒い雑種の犬が怯《おび》えたような目でこちらを見た。一番懐いているという女性スタッフがポパイを抱き上げてくれたので、撫《な》でようと、そうっと手のひらを首元に乗せたら、ビクッ！　と身体を縮め、固まった。たしかに、本当に臆病だ。

「弁護士さんが言うには、保見さんは亡くなった人のことに関してはドライになっていたんだけど、犬の話をすると感情的になってしまうんだそうです。

ですが、その弁護士さんもうちに一度来て『お任せします』で終わりましたから。ポパイとハグして泣いてましたけどね」

ポパイは、いまおそらく10歳前後だという。無償で病気を治し、予防接種も定期的におこない、ポパイをとりまく環境は格段に良くなったように思えたが「あっちに比べたら良い環境じゃないですよ、やっぱり野山を走り回れますからね。そう考えるとちょっと切ないですけどね」と、白永さんは言った。おそらく、ポパイが金峰の山を走り回れる日はもう来ないだろう。

ポパイがいまも思いを寄せる飼い主のワタルに面会するため、広島拘置所へ向かう。

その日の広島駅周辺は、朝から曇っていた。蒸し暑く、歩いていると髪が湿気を含む。ホテルから10分ほどしか歩いていないのに、広島拘置所に着く頃には髪が膨らんでボサボサになっていた。

地方都市では、城や城跡の近くに役所や裁判所が置かれていることが多い。ここ広島も例に漏れず、広島城のそばに裁判所があった。拘置所となると事情は異なり、必ずしも城の近くにあるというわけではないのだが、ここは拘置所と裁判所が同じブロックにある。

拘置所敷地の外壁には、浮世絵のようなタッチの、海の上に多数の船が浮かんでいる絵が描かれていた。拘置所の職員にこの絵の由来を尋ねたが「さぁ……なんでしょうね」と、何を知っているわけでもなかった。

狭く古い待合室で、グレーの汚れた壁を見ながら待っていると、あっという間に番号が呼ばれた。スピーカーから流れて来る職員の声が大音量で割れている。キーンというハウリングの音とともに、こう聞こえてきた。

「4番面会室にお入りください！」

面会室に入ると、すぐにワタルが入ってきた。アクリル板越しのワタルは、黒い半袖Tシャツにグレーのスウェットズボンを穿《は》いている。金峰地区の村人たちはワタルを「身体がでかいけぇね」と言っていたが、たしかに背丈もあり、体格もがっしりとしていた。骨太な姿が、須金で会った長女の娘に似ている。

まず挨拶をして、面会に応じてくれたことに対する礼を言ったのだが、ワタルは聞いているのかいないのか「時間がないけぇね」と言いながら、すぐにパイプ椅子に座った。

挨拶をしないというわさは本当だった。

ワタルは会話のキャッチボールをする気がないのか、面会時間が15分しかないために自分の思いをすべて伝えたいと焦っているのか、私に質問する隙を与えない。持っている資料の束をひとつずつ広げながらアクリル板に押し付けて、まくしたてた。

「まずこれを見てください。4番。この破れているところから見えるものはなんですか？　靴の底の模様は斜めですね。それを見て、2番を見てください。1と3はどうですか？　でもこれは全部同じ靴なんです。警察のいう話では犯人の靴で全部同じだというんですが、よく見ると違うんです。1から4が同じ靴だというんです。2は横の模様ですね」

その資料がなんなのか、全く説明がないままに話し続ける。おそらく見せているのは、裁判の証拠書類だろう。犯人の靴の写真のなかに、別人のものがあるのに、警察はすべて同じ靴だと決めつけている、というのがワタルの言い分だった。

私はワタルに、言いたいことをしばらく言ってもらうことにした。

「えっ!?　これは本当の犯人の足跡なんですかっ？」

驚いている様子を見せて尋ねると、ワタルは少し満足した様子で答えた。

「そう、5が犯人の靴……足跡が違う。6、7は同じ……でも目が違うでしょう。こういうふうにして、でっちあげがあったんです」

正直言って全部同じに見えるが、ワタルによれば違う靴が混じっているということらしい。

私はあなたの主張をしっかり聞きに来た〝事件記者〟なのだというアピールをしようと、近所の100円ショップであらかじめ買って持って来ていた虫めがねの柄を握りしめる。

そうして、身を乗り出しながら、虫めがねをアクリル板にかざそうとしたところで、ワタルはその紙を下げ、別の紙をアクリル板に押し付けてきた。

また靴の裏の写真だ。

「金子という警察が山で探したというんですが、それは全部嘘です。私は靴の右小指と踵がすり減るんです。下の方の靴をよく見てください。これは私の靴です。ですが、黄色い方は親指がすり減ってる」

今度は最初から虫めがねをアクリル板に押し付け、私もよく見てみた。だが、どうじっくり親指部分を見ても、すり減りは確認できない。

そうするとまた、別の紙を見せてきた。

「これを見てください。河村二次男の家の2階寝室。現場にはカーテンがなかったのに、この見取り図にはカーテンがある。河村が血のついたカーテンを捜査のあとに提出したというんです。なぜ捜査の時に出てこなかったのか。検察と警察に見せられた靴、実物見せられたんですが、靴の話は出てこないんです。これは自分の靴じゃないですよと言ったらそれをサインさせられたんです。そして手を見るんですよ。私の手が震えているかどうか見ているんです。警察に行っても同じことをさせられた」

警察によるでっちあげと、河村さんによる証拠の捏造《ねつぞう》を疑っているような話をする。たまらず聞いた。

「保見さんは、河村さんが犯人であるという主張なんですか？」

一瞬の間のあとに、きょとんとした表情でワタルは言う。

「いやそれはわからない。刑事がやったんだと思う、事件は」

また別の紙を見せてきた。同じような証拠の写真の紙だったのだが、その空白部分に、岩国市の、全く知らない女性の名前と住所も書いてある。それに気を取られていてしばらく気づかなかったが、その脇には、プリントアウトした印刷文字ではなく、ワタルが直接この紙に書き込んだと思われる、直筆のメッセージがあった。

メッセージには「手紙は全部チェックされている。本気なら編集部の住所は使わず、自宅の住所でやり取りをしろ」といったようなことが書かれていた。私は文通の際に、雑誌編集部の住所を使っていたが、ワタルはそれを良しとしないようだ。

拘置所の面会室では、立ち会った拘置所職員によって、面会時間の計測や、交わした会話の記録がなされる。メッセージを書いた紙をアクリル板に押し付けて示すのは、職員に知られたくない話題を私に伝えるための手段だ。証拠隠滅などのおそれがあるため、実は拘置所では禁止されている行為である。

いずれにしても、どの住所から送っても、手紙の中身はワタルの手元に渡る前に、拘置所職員によりチェックされるので同じことなのだが……。ワタルの意図がよくわからない。拘置所職員のことも敵だと思っているのか。

身なりは被告人にしてはきちんとしていて普通さを感じていたのだが、会話の内容は、到底真実だと思えないようなものばかりだった。

延々と紙を示し続けそうだったので、そろそろ質問をすることにした。

——ご家族は面会に来ていらっしゃいますか？

「来てないですよ全然」

そう答えるやいなや、またすぐ始まった。

「いやぁ、あんまりおかしいから色々調べたんです。そうすると写真についても嘘を言っていることがわかった。これはグーグルアースで撮ったものです。河村の家の裏から凶器の発見現場の地図です」

またワタルの世界に引き戻されそうになるので、私も慌てて質問をかぶせる。

——あの家の前のコープの集まりは気になってました？

「ああ、うわさ話をやっていたのは聞いたことある」

ここで、壁に貼り付けられたタイマーが面会終了のアラームを鳴らした。

負けてはいられない。

——お姉さんのうち誰か、おひとりぐらいは面会に来られないんですか？

「誰も来ない、もともと付き合いがない」

——関東で仲の良かった人はいましたか？　稲田堤の森さんは仲が良かったんですよね？

「ああ、森も仲が良いほうじゃない。金峰のほうでは、友だちがおる。あの人は小さいから小学校の頃いじめられよったのを私が助けてやったんです」

最後に初めて笑顔を見せた。

また明日も来ると告げた。


翌日、広島拘置所を前日と同じ時間に訪ねた。だが、この日は開門と同時に他の面会希望者らが受付を済ませたため、一巡目の面会室がいっぱいになってしまった。面会時間は15分だと聞いていたが、どの面会室も、15分を過ぎても開く気配がない。その様子を見ながら、今日は面会終了のアラームが鳴っても、無視して質問を続けようと決めていた。

待つこと25分。ようやくひとりの面会人が外に出て来た。すぐに昨日と同じ4番面会室に通される。ワタルは昨日と同じ服だ。やはり挨拶はしない。体調はどうかと尋ねると、微笑みながらこう返事をした。

「元気です。薬を飲んでないですから。胃薬を飲んでたんですけど、やめたんですよ。今日もたくさん聞くことがあります。これを見てください」

自分が話したいことがある、というのではなく、私が聞くべきことがたくさんある、という考え方のようだ。たしかに尊大ではある。そんなことを思っていると、また、昨日最初に見せたものと同じ紙を見せて、力説し始めた。

「4、3、1を見てください。3と4は違いますよね、靴の底の角度が。たまたま真っ直ぐに見えていたんです。私はこれを見逃さないで、これはおかしいと思ったんです。すり減り方も、私が履く靴と違います。

　次の写真です。これは同じ靴だというんですが、裏も違いますし、面も色が違う。山から出てきた靴だと言っているんですよ。平成25年7月31日に石岡（警察官）により発見された、犯人が履いていた靴だというんですが、汚れた靴は知らないんです。全然違う靴を履いていた。

　まず見せるものから言って行きますね。これが一番わかりやすい。この紙をよく見てください。山に一つ、小川に一つあると言っているのに、警察は分けたんです。よく見てください。どこがおかしいと思いますか？　……靴を脱ぐ時、紐《ひも》はどうしますか？　これは紐が結んであるんです。でっちあげ証拠なんです！」

　なるほど。

「……そしてこれは小川の写真なのに『リュックが山中から発見』とされている。

　これも面白いんですよ、見てください。

『山中内の川において木の棒が……』とあります。山の中の小川のこと、それを川と書いています。
現場で見つかった靴のなかで自分のはひとつだけです。
この紙は、弁護人がよこした資料なんですが、沖本（弁護人）が裁判資料を宅下げ[4]して返してくれないんです。資料を見せると妄想が進行するから、って言うんですよ。山口（地裁）の時の弁護士です。広島の時は井上さん。
表があれば裏がある。これは裏が大事なのに裏を抜いているんです。沖本が抜いて渡して来た。資料は大事なものがみんな抜けています。なぜ裏か、それが大事なんです。でも外されて送られてきた。沖本は妄想が妄想を生むからと言っている。でも妄想性障害で裁判をやっていて、見せたら妄想が妄想を生むっておかしいですよね（笑）……」

確信した。

現在のワタルは間違いなく妄想の症状を持っている。

私はワタルに、なぜ5人を攻撃したのかその理由を聞きたいと考えていた。そこに、ワタルが認識していた村のうわさ話の片鱗が見えると思っていたからだ。だがワタルは殺害行為自体を認めていないのだから、そもそもそれを聞き出すことは難しい。

それならば……。広島に向かう新幹線の中で考えていた質問をした。

——保見さんは、山本さんや石村さんの足を叩いたって言っていましたけど、何か気に入らないところがあったんですか？

するとようやく、ワタルは被害者たちについて話を始めた。

「河村は犬を殺したんです、私の犬を。旦那の方です。河村（二次男）は自分が飼っていた犬も私の目の前で殺しました。山で急斜面になっているところに繋いで見せて、次の日に犬が落ちて死んだ。私には『うちは犬が嫌いじゃから周りを歩くな』というんです。

なぜ河村がやったと分かったかというと、薬の名前を全部知っていたんです、農薬の名を。この薬はこうなってこうなると。それが調書に全部書いてあった。私の家のバケツに農薬を入れて、犬猫がそれを飲んで死んでしまった。山本も石村も農薬は使いますよ。石村は弟が警察だった」

それでも、ワタルも負けてはいない。会話がひと段落する呼吸を見計らって、また例の「でっちあげ証拠」を私に示してくる。だが今日は、私が質問をすると決めていたのだ。「でっちあげ証拠」に相槌をうちつつ、質問を続けた。

――貞森誠さんはどうでしたか？

「飲み行って、刺されたことがあるんですよ。酒癖が悪いらしかったんですよ、でもそれを知りませんから。最初から言えと」

ワタルはこう言いながら笑っていた。

「その日は刺されて胸を押さえて帰ったんです。でも（血が）止まったから寝て、次の日に病院に行きました。ごめんも言わないです。酒癖悪いですから。みんな飲みますから、貞森も飲みます。自分は飲みません。身体が良い時は飲んでたんですが。田舎だからやることがないんですよね」

私はまた矢継ぎ早に尋ねた。時間が惜しい。

――都会から戻って来られて、金峰の暮らしは退屈だったんじゃないですか？　何もないですよね。

「あれ、おかしいとこにきたなぁ〜、と思いました。言ってることがわからない。15歳まで金峰にいましたけど、みんな話すのはあそこの家のアレがどうのこうの、という話。うわさ話です」

――コープの集まりでもうわさ話をしていたんですか？

「山本は一番喋るんです。好きなんですよ。いろんな家を一日中回って話してる」

――山本さんが金峰のうわさの発信源なんですか？

「その人から出てるんです」

――じゃあ、石村さんはどんな人だったんですか？

「山本さんちに毎日行ってた。山本は誰でも仲が良いが、石村はけっこう好き嫌いがある」

――そうして、山本さんの家でうわさ話をしていると？

「そう」

――貞森さんの奥さんとは何かあったんですか？

「一回も話したことないんです。話したことない。生きてる間に話したのは吉本の旦那ぐらい。両親とは話はするが」

──保見さんの両親も、金峰でうわさを立てられていたんですか？

「知らない」

──みんながうわさ話をしていて、保見さんは金峰で話をできる人がいなかったんですよね。寂しくはなかったんですか？

「いや、動物がたくさんいますからね。都会の方がよっぽどさみしいです。都会はものすごくさみしいですよ。でもこっちは、夜中にシャカシャカ移動する音が聞こえるのでそれを聞くとまた眠れなくなる。あれは狸かな、狐かな、と考える、そうするとその予想が当たるんですよ。狸、狐、イノシシ、クマもいますよ。だから槍を作ったんです。クマは二回見ました。あれは子供を守るために攻撃するんです。気が弱いですから。クマは子供を守りますから……」

面会終了を告げるアラームが鳴っても、私は質問し続けていた。もとより、そのつもりだったからだ。だが、ここで限界のようだ。

「そろそろ、もう……」

と、拘置所の職員が、椅子から腰を浮かせながら苦笑いで言った。

15分のところを8分、オーバーしていた。さっき面会室から出て来た面会人より短い。悔しかった。

関東で仲の良かった稲田堤の森さんのことを「仲良くない」と平然と言ってのけ、殺害した貞森喜代子さんのことを「話したことない」と言うワタルに違和感を覚えていた。古い記憶が塗り替えられているように思えた。

だが、こうした細かい話に違和感を持ちながらも、ひとつだけ確かなことがあった。

〝村人がうわさ話をしていた〟と、逮捕直後に見つかったＩＣレコーダーに吹き込まれた音声と同じ認識を、現在のワタルも持っていたことだ。

# くねくね

東京に戻ると、1週間もしないうちに、ワタルから手紙が届き始めた。だがそれは直筆の手紙ではなかった。事件に対するワタルの主張が、例のくねくねとした文字でA4やB4サイズの紙にびっしりと書かれたものの「コピー」だった。

これらの主張がなんなのかを、別の紙で挨拶とともに直筆でしたためて同封する、というようなこともされていない。面会室で挨拶もそこそこに、脈絡なく自分の主張を繰り返していた姿を思い出す。手紙でも同じだ。

最初に届いたコピー紙の冒頭は「DVD　編集　短縮　証拠隠し　・写真、靴、棒、ICレコーダー」。

解読に骨が折れる手紙だが、下線が引いてある箇所がところどころある。この紙は、逮捕直後の検察官による取り調べの録音録画データについてのワタルの意見のようだ。

「取調室　第9ではなく　第1です、時間場所が違う」

このレベルの主張が延々と続いていた。

すぐ翌日に届いた封書の中身も、前日のものと同じようにワタルが手書きでびっしりと書き綴った主張の「コピー」だった。1枚目には被害者の遺体を解剖した医師の調書と思しきものが手書きで写されていたが、次のページからは全くそれと脈絡なく、また遺留品である靴が自分のものとは違うという「警察によるでっちあげ」を展開していく。

ワタルは、私がこうした主張をどこかのメディアに書き、彼の訴える「でっちあげ」を世に広めてくれることを期待しているのだろう。本人は真面目に冤罪を主張しているのである。だが私は、このワタルの言い分をどう読んでも〝たしかに、これは真犯人が別にいるのに、無実の保見さんが逮捕されてしまったのだ〟と判断することは到底できなかった。

これらの手紙が届く前には、私からも手紙を書いていた。ワタルが事件前に、村人たちからどういった嫌がらせをされていたのか、ということや、ワタルから光成に改名した理由、そして関東での暮らしについて、などを質問していた。

2通目の手紙が届いた4日後に、3通目の手紙が届いた。私の質問に対する答えが書かれている可能性を期待して封を開けたが、これまでと同じように、また「事件前後の金峰地区の天気や気温」といった裁判資料などが入っていて、がっかりした。

ひとつだけ、これまでの手紙と違ったのは、手書きの便箋が1枚だけ入っていたことだ。この1枚にこそ、私の問いに対するアンサーが記されているのでは、と、また期待して便箋を開いたが……。

「私は頭をぶっつけて手や足が痺れ震えるようになり　友人にコピーを頼んでます。

手紙を書いてる時も字が二重に見えてきます。

読む時も同じです。

高橋さんの字は小さいもう少し大きく書いて下さい見えません」


想像だにしない答えだった。

それなのに「見えません」と書いてある2行下では、本の差し入れを要求しているのだ。

「居眠り磐音　佐伯泰英シリーズ27巻」

文庫本27冊分の小さな文字は読めるというのに、私の字が読めないと平気で書いてくるワタルに腹が立った。

「古本一冊　100~200円位です　一日三冊まで差入れ出来ます」

わざわざ教えてくれてはいるが、9回に分けて拘置所に送る手間を考えて、また腹が立ってくる。これまで私は、さまざまな刑事被告人と文通をしてきた。本の差し入れを求められることもあったが、多くの被告人たちは、一度に差し入れできる数の上限まで、つまり3冊以下と、気を遣ってくる。

「人付き合いを知らない」「当然のようになめこを受け取る」……いきなり27冊もの文庫本を求めるワタルに、金峰地区の村人たちが話していたことを思い出した。もっとも、こちらが求めて始まった文通や面会なのだから、その対価であるとワタルは考えているのかもしれないが、たしかに、人付き合いにおける気遣いや呼吸を分かっていない。

字が小さくて見えないというワタルの言い分を疑いながらも、私は前回送った手紙と同じ内容を、ノートパソコンでWordファイルに入力しなおし、その文字の大きさを2倍にして、印刷したものをもう一度、こちらから郵送した。

ワタルから届く手紙の中身はほとんどが取り扱いに困る「資料」だったが、その中に重要なものをひとつ見つけた。3通目の手紙に入っていた、沖本浩《ゆたか》氏（一審の担当弁護人）がワタルに宛てて送った書面だ。その書面の空白部分には「ご質問の第3点について回答します」と手書きで書かれているが、それも直筆ではなく、その原本がコピーされたものだった。

ワタルは面会や文通には滅多に応じないと、例の週刊誌記事にはあったが、こういう類の資料を、何人ものジャーナリストに送っているのだろうと私は思った。なぜなら、質問の第3点への回答とあるが、私が手紙に書いていた3つめの質問とは全く関係のない内容だったからだ。その書面のコピーは何枚もあるうちの最後の2枚だけなので、それより前の内容を知ることはできないが、内容から、ワタルが沖本弁護人に送った「捜査資料をすべて差し入れしてくれない理由」などを記した「質問書」への回答であることがわかった。
沖本弁護人は、こう返答している。

「岡田医師から、『妄想性障害の患者に対して、新たな情報を提供すると、これが鍵となって妄想が拡大する傾向がある』旨聞きました。それまでの妄想と新たな情報が結びついて、妄想が広がって行く現象で、鍵体験というものだそうです。（中略）事件の当事者である保見さんに証拠書類を見てもらい、その真偽についての意見をもらうことは、真実発見のためには重要なことです。ですが、保見さんの場合、証拠を差し入れることが、保見さんの精神に悪影響を及ぼし、結果的に弁護活動にも支障を来すことになるおそれがありました」

そのため沖本弁護人は、証拠書類をワタルに差し入れるのではなく、接見の際に〝見せる〟だけになったと釈明している。しかも「捜査段階で見せられたものと違うなどと保見さんが言っていたことも弁護人は聞いています。差し入れた証拠に含まれていたか否かは確認中ですが、この靴の写真を保見さんに見せなかったことはありません」と、ワタルが求める証拠書類はすべて見せていたともあった。

面会でワタルは、沖本弁護人が捜査資料を一部抜き取って差し入れしている、と私に言っていた。だがそれは隠されていたわけではなかったようだ。

にもかかわらず、証拠書類を見せてくれないと不信を抱き、さらには、見せてもらった資料すらも「捜査段階のものと違う」などと言っていたのである。一審で本鑑定を行った岡田医師が指摘する「鍵体験」により、妄想性障害は進行しているように思えた。

先日面会した時に私は、彼がこだわる靴の写真の証拠書類を何枚も見せられた。最高裁の担当弁護人はこれを差し入れたのか……誰だろうと名前を聞いて、驚いた。関東近郊では〝無罪請負人〟などと評される、有名弁護士だったからだ。凶悪事件の裁判員裁判では珍しい「被告人が犯人であるかどうか」を争点にした公判で、その姿をよく目にしていた。つまり否認事件をよく担当している弁護人だ。

「これまでの弁護士の中で一番大した人だなと思います。言ってくることとか、面会でこう書いて来ることとか、大した人だなと」

ワタルは満足そうだった。

だが、私は心配だった。

弁護方針によっては、彼の妄想をさらに深める結果になるのではないかと案じたからだ。無罪を訴えるため、そのための理論武装の準備のため、すべての証拠書類を手元に揃えて検討すれば、さらなる「鍵体験」が起こり、ワタルは一層深い妄想の世界へ旅立って行ってしまうのではないか。

「妄想性障害」とはDSM－5という米国の診断基準に定められた診断名で、女性に比較的多く、一般的には中高年で発症する。症状の中心は妄想で、被害妄想、嫉妬妄想がその主たるものだといわれている。

妄想の内容は統合失調症とほとんど変わりがない。だが統合失調症に見られるような、幻聴を始めとする症状は、さほどみられないのが特徴だ。

統合失調症は若い頃に発症し、悪化することが少なくない。投薬治療である程度、被害妄想は改善するが、服装がだらしなくなったり、食事の食べかすを顔につけたまま診察に来るなど「人格水準の低下」が起こるのが一般的傾向とされている。それに対して妄想性障害では社会的機能は保たれており、仕事も普通にできてしまう。病的なのは妄想のみである。

面会時のワタルはたしかに、身なりが整っていた。だが、真面目な顔で日常的なやり取りをしたかと思えば、急に話が〝警察によるでっちあげ〟と、とんでもない方向にいくことも感じていた。

もうひとつ、面会で気になったのは、明らかに覚えているであろうことを「忘れた」と平気で言っていたことだ。関東で仲の良かった稲田堤の森さんのことを「仲良くない」と言い、殺害した貞森喜代子さんのことを「話したことない」と言っていた。誠さんに胸を刺された時は、一緒に酒を飲んでいたはずではなかったか。古い記憶が塗り替えられているように思えて不可解だった。それは自分を守るために、脳の中で無意識的にダークな記憶を排除しようという働きが起こっていることによるのではないか。

一審で5人の被害者に対して殺害行為を認めず「足を叩いただけ」と主張したワタルは、その時点で、自分の犯した殺人、放火の記憶を排除しようとしていたのだろうか。この点については山口地裁も、広島高裁も「近所の人がうわさ話をしている」こと自体、ワタルの妄想であると認定していた。

だが、それはちがう。この事件がやっかいなのは、本当に「うわさ話」が存在していたことにあるのだ。

そして、ワタルも事件前から「うわさ話」の存在を感じていて、妄想性障害の「鍵体験」が進行したように見える現在ですら、「うわさ話」のことを覚えているのである。しかもその一部は、村人たちの話と合致していた。

「Aさんは動物を殺すために農薬を撒いていると聞いたことがあります」

実際、ワタルは被害者Aさんにまつわる「うわさ話」を手紙に記していた。

＊

私からの質問を大きな文字で印刷した手紙を送り、半月ほど経った頃、ようやくそれに関する返事が届いた。いつものように、くねくねとした文字がびっしりと書かれたA4の紙が

2枚。今回は裁判の「資料」は入っていない。

　2009年に改名した理由について、ようやく答えがあった。

「名前は陶芸を本格的に始めようと思ったことと一から新しく出発しようと思いました。ひかりなり　光成」

　その陶芸も事件直前にはやめている。一から出発してどこに向かおうとしていたのか、何になろうとしていたのか。それを聞くのはこれからだ。

　金峰地区の生き字引、田村勝志さんは「事件が起きたのには、理由がある」と言っていた。だがその真相は「10年後に話す」とまだ口を開いてくれない。いま、彼は88歳である。

「金峰全員に関係する大きな問題がある。それは簡単に話せんよ。それは新聞にも出んし、報道もせんし、そりゃ分からんじゃったんじゃが、わしはそれは最近になって、はあ、それで殺されたんかちゅうのが分かった。

　すべての問題がそこから起こっちょるんよ。大きな問題ちゅうのがあるのよ。それはまあ、いつもいうように、子孫が生きてるからなあ、それらに影響を及ぼしちゃいけんから、ちょっと時間をおいて『10年経ったら話す』と決めちょる」

　せめて5年に縮めてはくれないかと何度も頼んだが、頑として首を縦に振ってはくれない。

おまけにその〝大きな問題〟も、ワタルにとっての大きな問題であるかは分からず、あくまでも田村さんから見た理由だ。

ワタル本人からはおそらく永遠に、事件を起こしたときの気持ちを聞くことはできない。それでも一つの結論にはたどり着いた。

金峰地区で取材をしながら私はいつも、彼らが私にしてくれる「うわさ話」の細かさ、情報量の多さに驚きを感じていた。それは同時に、もし自分が金峰地区に住めば、この勢いで自分のうわさ話が集落に広まるであろうことも、容易に想像させるものだった。

「うわさ話」の中には、主観を伴う悪口に近いものもあった。それは東京や、または徳山の市街地といったような、人口の多い場所であれば、すぐに消えるちょっとした内緒話……で済んでいた類のものだろう。

郷集落は昭和に入って急激に過疎化の一途を辿り、平成に入る頃には人口わずか60人にも満たない状態だった。集落で、ひとりふたりと村人が減っていくごとに、ひとつひとつの「うわさ話」は存在感を増していく。

そうなってくれば、同じ意見のものは少なくても構わない。ほんの2、3人が同調すれば、おのずと〝村の嫌われ者〟が出現する。ワタルの父・友一は、死んでから10年以上が経っているにもかかわらず、彼が〝盗人〟だったという「うわさ話」はいまも村に残り続けていた。自治会で役員になれなかったのが村人たちの総意によるものだったのか、いまとなっては分からないが、自分にまつわる不可解な出来事があれば、人はうわさを気にし始める。

「自分の悪いうわさが流れているのではないか」……と。

関東から戻って来た当時から、すでに村人たちに〝盗人の子〟と囁かれていたワタルも、自分に関するうわさ話の内容は分からなくとも、この村に「うわさ話」が溢れていることには当初から気づいていたはずだ。そうした「うわさ話」にワタルだけでなく他の村人たちも、戦々恐々としていたし、いまもしているのではないか。

その一方で郷集落は、火事や犬猫の死といった〝犯罪〟が事実として存在する村だった。しかも一度だけではなく、繰り返される。それらの犯人が誰かということも「うわさ話」の域を出ず、いってみれば未解決だ。人口わずか10数人の集落で、何人もの村人たちの犬や猫が死に、家が燃える。

——これは〝村八分〟なのではないか。

——「うわさ話」で何か悪口を言われているのではないか。

疑心暗鬼になる者が出て来ても無理はない。

ワタルは村の「うわさ話」の存在を強く認識していたからこそ、さまざまな出来事が自分に起こるたびに、それを自分への〝嫌がらせ〟や〝挑発行為〟だと考えるようになっていったのではないか。私にはそう思えてならないのである。

「表面を見たら日常の生活で何もないのに、彼の心の中じゃ、どんどんどんどん、悪いもの……憎悪、そういうものが膨らんでいっとったんやろう」

金峰地区の村人のひとりは、私にこんなことを言った。

どうだろうか。私には郷集落の日常が何もないとは感じられない。犯罪、常識とかけ離れた価値観、そしてえげつない「うわさ話」が存在していたことはまぎれもない事実だ。むしろ村人たちが〝何もない〟と感じるほどに「うわさ話」は空気のようにそこにあった。「うわさ話」で濁《にご》り切った空気の中、酸欠状態になったワタルは、集落で孤立を深め、妄想に耽《ふけ》ってゆく。

度重なる犬や猫の薬殺、ボヤ騒ぎ。それらの〝事件〟は、妄想を加速させる燃料となった。

村人たちはそんな〝事件〟をネタに、また「うわさ話」をはじめる。

そしてワタルがいなくなったいまも、村人たちは「うわさ話」を続けていた。

あいつがワタルの本命だった。あいつは恨まれていた。あの人は犬を殺していた——と。

金峰地区で、ある家を訪ねた時に、住民がこんな話をした。

「ゆうべね、明け方の4時くらいやった。家の外でベル鳴らすのがおるんよね。出てやろうと思ったけどやめた。

この前もあったんよ。わしがおらん間に、うちの家の扉開けて入って、玄関から色々なものを取り出して外に投げとってね、玄関の外のところに押しピンで留めちゃった紙に『この家に立ち寄るな』ちゅうのが書いてあったんよ」

またこの村で、何かが起ころうとしている。

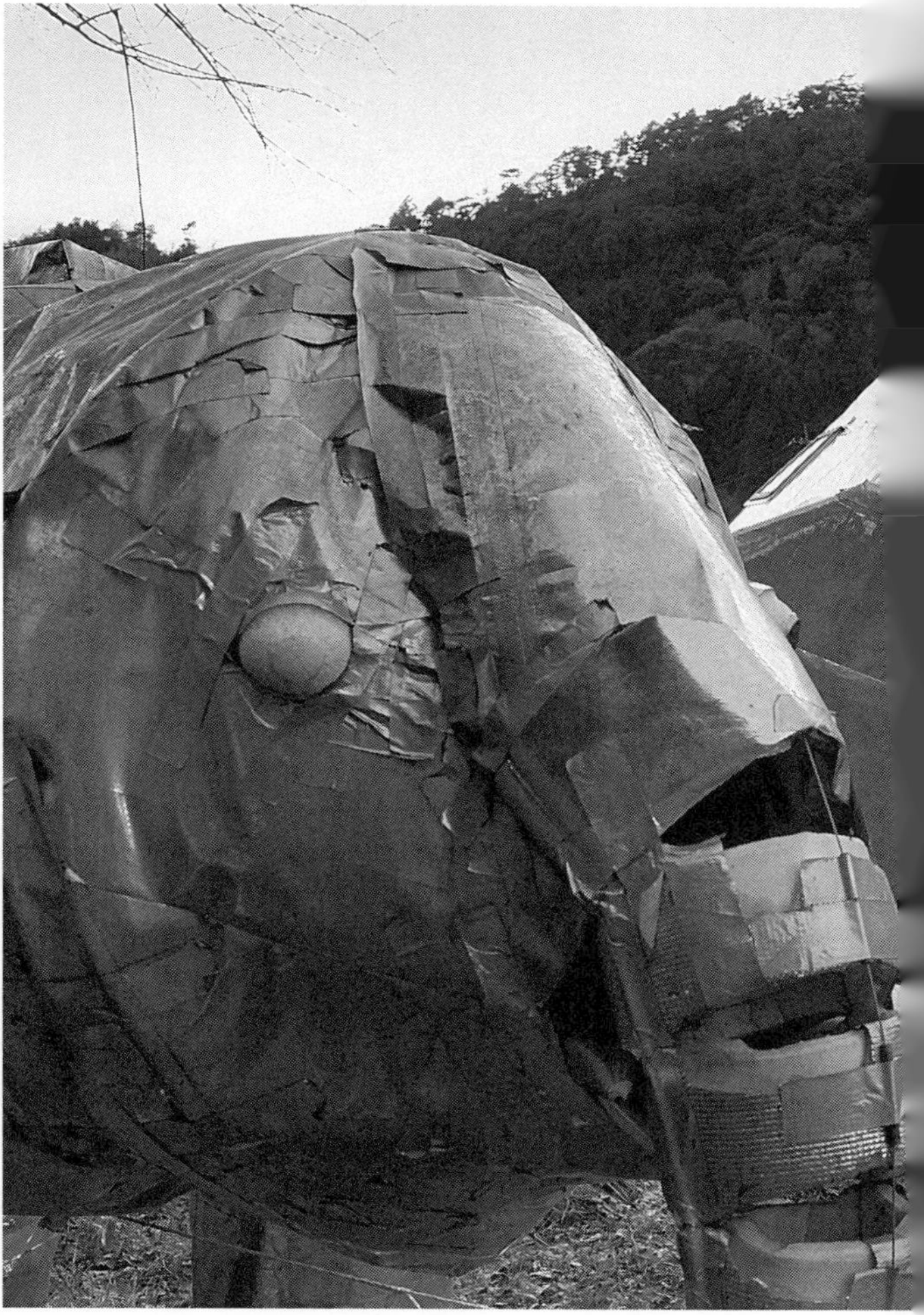

金三円　岩川
金　　　朝川林
金　　　負見
金二円　保光
金　　　山
金　　　
金三円
金二円

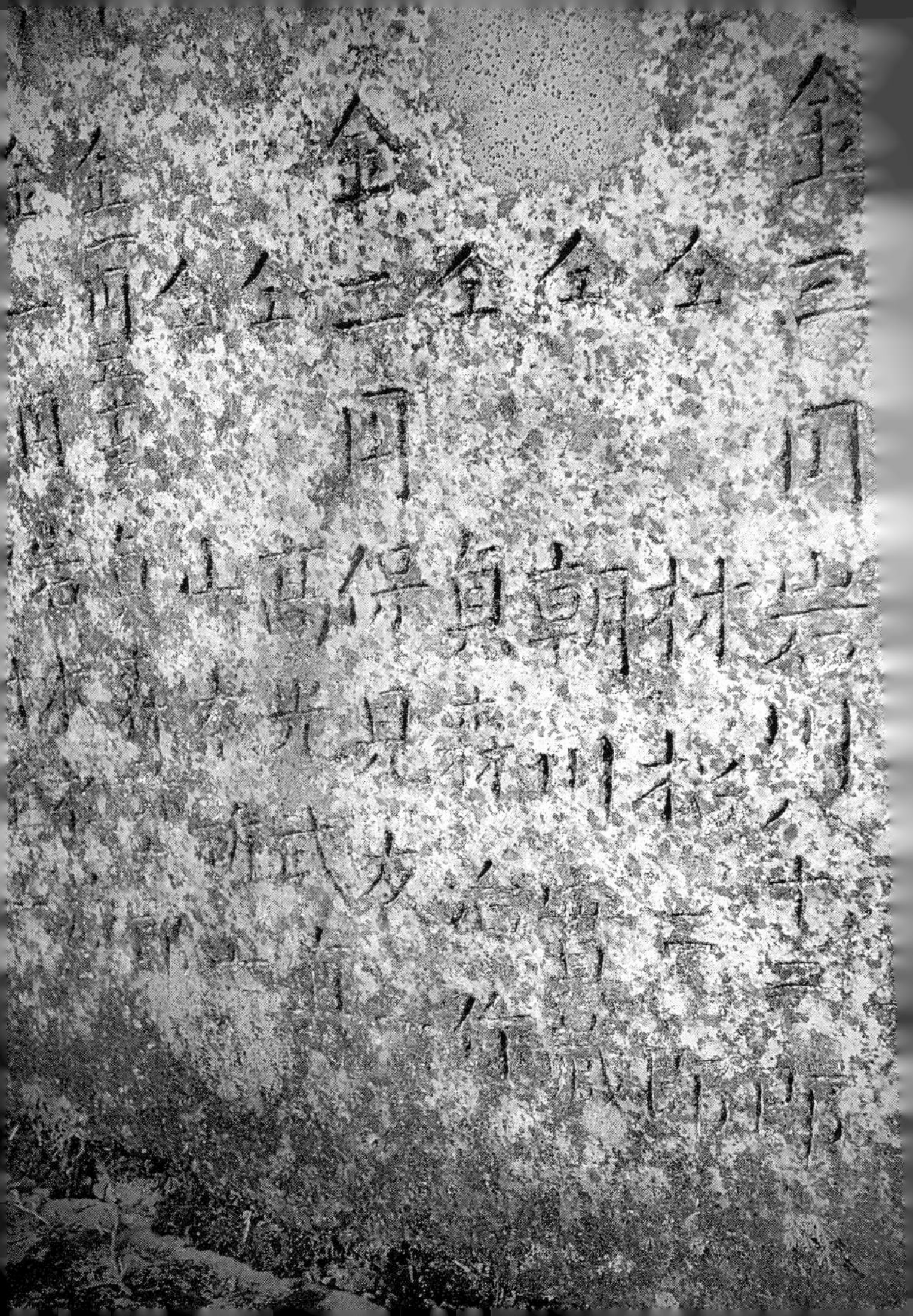

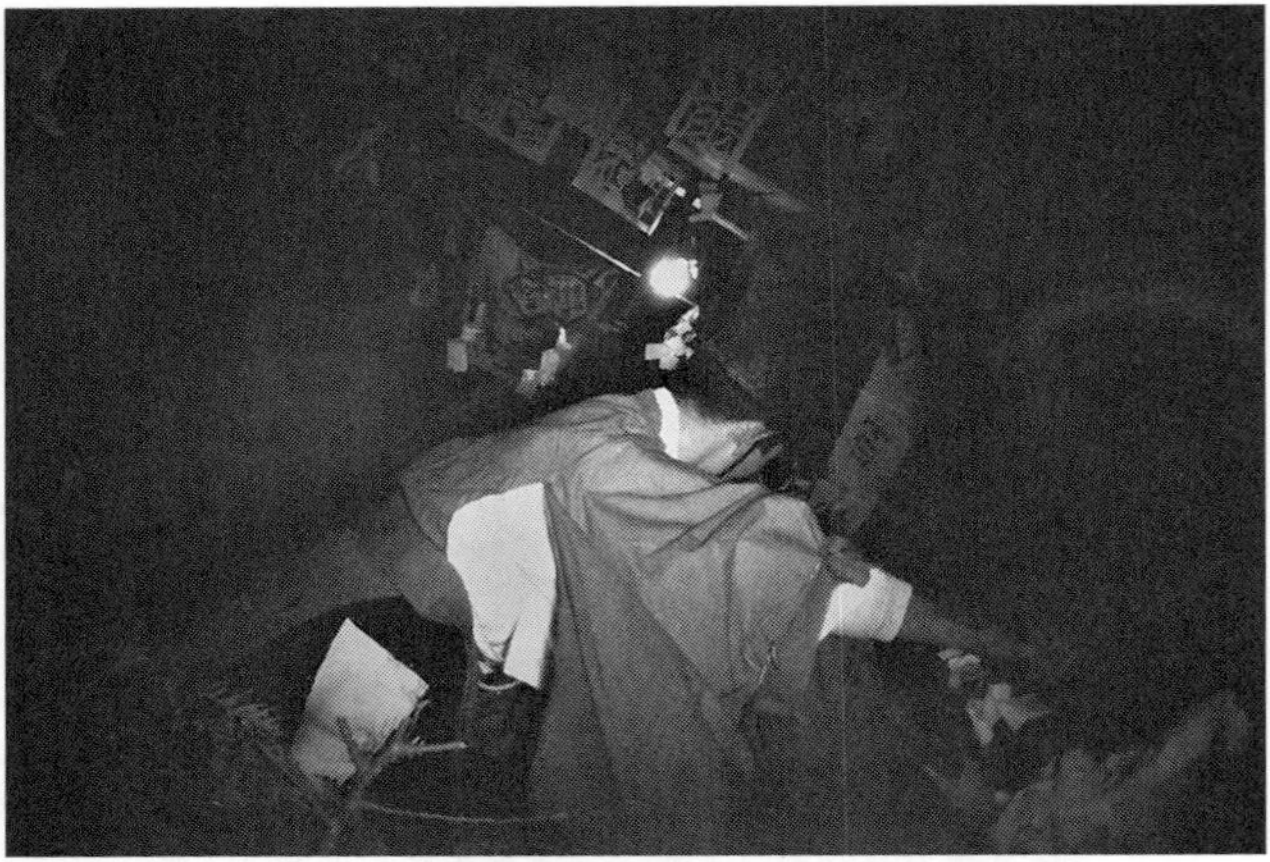

前略
ルポライタ〜気分ではダメです
事件記者として来る様に
必ず虫メガネ持って来る事、ダイソーで一番大きく見えるやつ
津本 陽の拳豪伝上・下
時代小説読んでる時が
一番充実しています。
犬の話しはダメです
法廷で・国選検事
猿芝居
弘成 7/14
・モニタ〜に・写し出された
・ごっちあげ

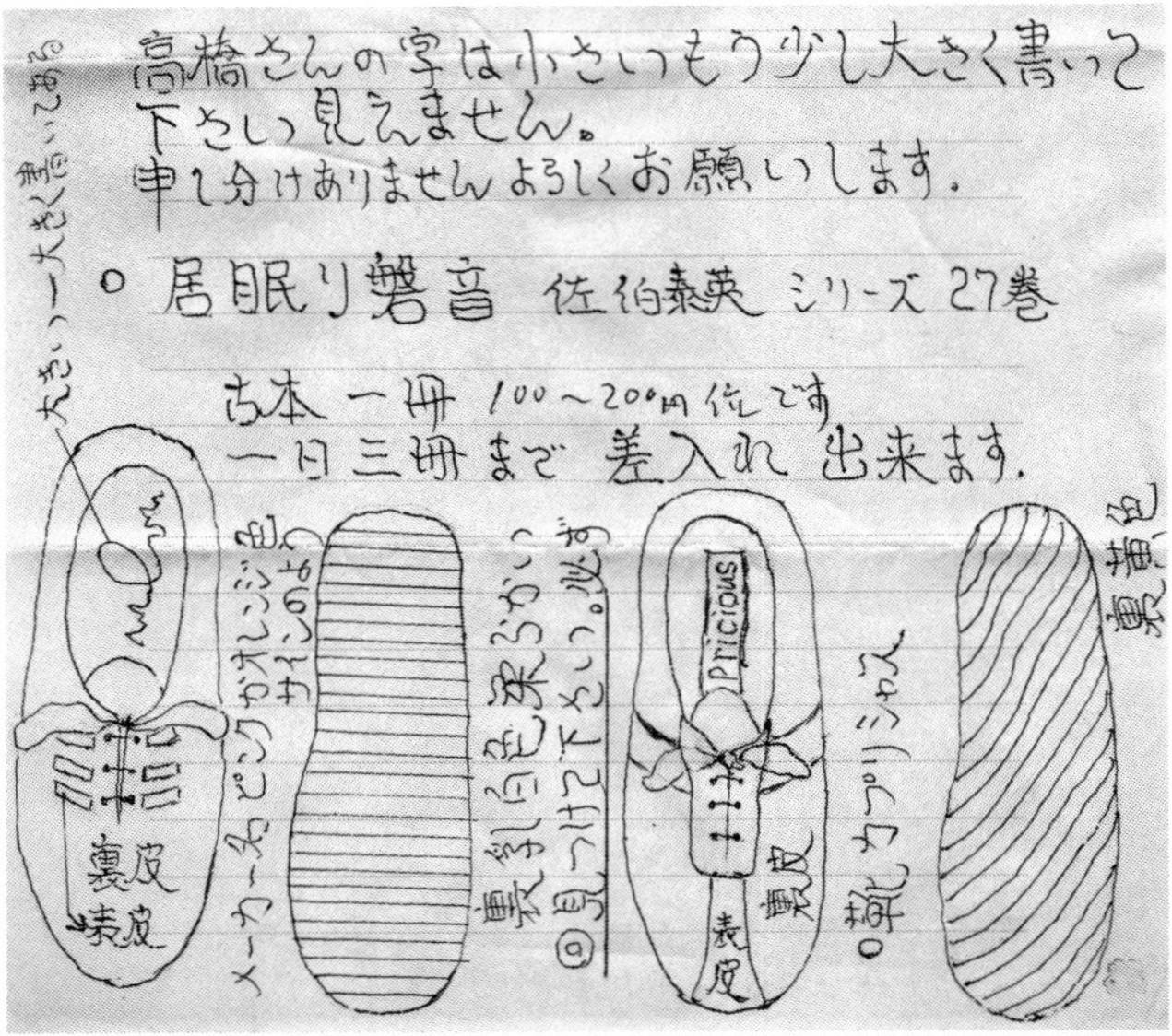
高橋さんの字は小さいもう少し大きく書いて
下さい見えません。
申し分けありませんよろしくお願いします。

○ 居眠り磐音　佐伯泰英　シリーズ 27巻

古本一冊 100～200円位です
一日三冊まで　差入れ出来ます。

大きい一大きく書いてある
裏皮
表皮
メーカー名ピンクかオレンジ色
サイズ25のもの
裏が乳白色で柔らかい
◎見つけて下さい。必ず
Pricious
裏皮
表皮
○靴カプリシャス
裏茶色

# 書籍化

後ろの席に一声かけてシートを倒した後、買っておいたSサイズのアイスコーヒーにストローを挿す。重いリュックをようやく足元におろせた解放感で思わず一気飲みした。それから使い捨てマスクをかける。子供が生まれてから、慢性中耳炎の調子がますます悪くなった。すぐ耳が遠くなるので、風邪予防には念を入れる。不特定多数が乗り合わせる新幹線で寝ている間に、風邪をうつされたくないし、とにかく、すこしでも早く身体を休めたかった。

一年半ぶりに、私はまた徳山へ向かっていた。平成の終わりが見えてきた2019年4月下旬、ゴールデンウィーク直前のタイミング。朝から急いで荷造りを済ませ、子供の世話を頼むため夫に申し送りをして、家を出た。

この日まで、連休中に配信するためのウェブ記事を書き上げ、前夜は平成の殺人事件を振り返るイベントに出演し、と慌ただしい日々を送っていて、ようやく新幹線に滑り込んだ感じだった。まだ会えるかどうかも分からない取材相手たちのために、「治一郎」のバウムクーヘンとラスクのセットを両手いっぱいに買い込み、網棚へ山盛りにしてある。治一郎は箱が大きくてお土産然としているのに、安くて軽い。新幹線に乗った時の儀式をもろもろ終えて、束の間の移動時間ぐらいは、一息つくつもりだったが、そうもいかなかった。

小田原を通過するかしないかのあたりで、『週刊文春』が確定死刑囚・木嶋佳苗の三度目の獄中結婚についてスクープ速報を配信したからだ。木嶋佳苗については、金峰を取材するよりもずっと前の2012年に、一審・さいたま地裁の公判を傍聴して以来、数冊の書籍にもかかわっていた。意識としては〝自分が追いかけていた事件〟である。客観的に見ても、おそらく自分は〝木嶋佳苗についての書籍を出しているライター〟だ。うわさは聞いていたがこのタイミングかと、なんとも言えない気持ちになった。

いきがかり上、触れないわけにもいかない。そのためSNSでツイートするとたちまち拡散され、色々な知人から連絡が入った。充電しながらスマホで返信を続けているうちに、窓から見える景色も夜になり、あっという間に徳山に到着していた。

明日からは木嶋佳苗に忙殺されず取材に集中したい。

ホテルに荷物を置き、翌日の取材の準備と、連休中に配信予定のウェブ記事の最終確認連絡を終えて、夕食をとるために駅前に向かうと、前回までの取材で見た景色とはガラリと変わっていることに気がついた。在来線側にスターバックスやお洒落なカフェができている。

周南市は徳山駅ビルを「周南市立徳山駅前図書館」として昨年二月にオープンさせていたのだ。たしかに以前は工事中だったが、こうなったか。

　都会的に生まれ変わった駅ビルだが、周辺の商店街に変化はない。表通りの飲食店は、居酒屋を除き、ほぼ閉まっていた。アーケード街は薄暗い。ガラス張りの真新しい図書館から漏れる照明が、駅前に華やかさをもたらしてはいたが、従来の町並みとのコントラストが激しく、場違いで唐突な印象を受ける。数える程しかいない図書館の訪問者を外から眺めながら、コンビニで軽食を買い、ホテルに戻った。

＊

　さて、前章までの原稿は、2017年1月から、私が金峰について、そして保見光成……ワタルに取材をして、同年秋までにまとめていたものである。もともとは、あるノンフィクションの賞に応募した原稿だったが賞は獲れず、審査員からの評価も芳しくはなかった。

　元来、出版業界に入るためのルートはごく限られたものだった。大学の新卒時に正社員として出版社に入るか、契約社員として雑誌記者になるか。あるいは編集プロダクションに勤めるか。私はそのどれでもなく、ただの野次馬として裁判傍聴を始めたことから偶然、ライターになったのだった。

2005年から裁判所に通いつめ、好きが高じて傍聴集団を結成。いわゆる傍聴マニアとしてブログを開設したところ、そこから火がつきデビュー作の書籍化へ至った。当時流行っていたブログや2ちゃんねるの書籍化の流れである。以降、主に凶悪犯罪の刑事裁判を傍聴したうえで、それをリポートするという形式の記事を手がけてきた。

ブログを始めた動機は、当時はまだ敷居の高かった裁判傍聴という行為が、実は誰でもできるものであるということ、門外漢でも傍聴してもよいのだということを示したかったからだ。また同時に、新聞やテレビ局が報じている裁判ニュースの情報の少なさに不満を抱き、より詳しい情報を発信したいとも考えたからだった。

記者クラブに所属する新聞社やテレビ局の記者らは、法廷にあらかじめ席を用意してもらえるが、フリーランスはそうはいかない。自力で傍聴券を当てることが難しそうな注目裁判では、自腹で「並び屋」と呼ばれる人員を雇うなどして、傍聴券を手に入れるべく作戦を練る。判決が出るまで何度も公判が開かれることもある。経費はかさみ、時間もかかる仕事だ。最近では、傍聴に加え、実際に被告人との面会や文通を重ねたうえで、事件を振り返る記事を書くことが多くなった。

同じ北九州市出身の作家、佐木隆三さんを傍聴人の先輩としてもジャーナリストとしても尊敬している私は、なんらかの事件が起こった際、それを起こした当人からの話をじっくりと聞いて文章を組み上げるというスタイルを目指してきた。

だが佐木さんが活躍していた時代から比べてはるかに紙離れ、雑誌離れが進み、紙媒体の読者も高齢になった。ネットが発達し、何か事件が発生すれば、記者が取材した記事が週刊誌に載る前に、誰もが加害者についても、被害者についても等しくSNSで検索でき、その情報だけで、記事のようなものを発表できる時代になった。しかし実際に現地へ出向き、関係者から話を聞いてみると、SNSで発信されている情報が全く真実からかけ離れている場合が少なくないという実感もある。

「つけび」の貼り紙は不気味な犯行予告だった、ワタルが村八分にあっていた、といったうわさも、取材してみるとそうではなかった。SNSを眺めていると、彼らにとってそれが真実かどうかは、さして重要ではなく、事件という〝祭り〟を消費しているように見えてくる。結局のところ、第三者にとって事件はエンターテインメントであり、消費すればすぐに忘れられてしまうものなのだ。

実際に、凶悪犯罪が報じられても、世間から忘れられるスピードが速くなってきた。事件発生から数ヵ月後、編集者に「犯人の肉声を記事にしたい」と相談しても「僕も忘れてたし、もう世間からも忘れられてるから」とNGを出されることも増えた。

ノンフィクションは売れない、と言われて久しく、一つの事件を継続して追い、それを雑誌に掲載することもだんだんと難しくなってきた。

世の中、何か肩書きのある人の方が、信頼される傾向がある。今後も事件を取材していくならば、「ノンフィクション賞の受賞作家」という肩書きがあった方がよい……などと安易なことを考えていたが、やはり人生そううまくはいかない。

気を取り直し、この原稿をどうするか、と考えはするが、やはり行き場のなくなった現状を前にすると落ち込む。考えたくないことを脇に追いやり、日頃の仕事に忙殺されているうち、すぐに時間は過ぎた。

時折、時間ができたときに、書籍化できないかという思いで、何人かの編集者に原稿を送ったが、全く返事がない。

よっぽどダメなものかと、ますます落ち込んだ。

もともとそれほど持ち合わせていなかった自信も、さらになくなった。しかも、これだけ取材して原稿にしたうえで、収入ゼロは正直苦しい。夫も、少し怒っている。取材のために子供を見てもらっていたのだから、当たり前だ。慌てて何度か、一部分のみをムックや雑誌に掲載させてもらい、わずかな原稿料を得た。そうして、そのあとはいわゆる〝塩漬け状態〟にしてしまった。お蔵入りである。

そんなことをしている間に、また7月21日がやってきた。事件から5年が経ったのだ。重大事件や、判決が確定していない事件などは、節目に新聞やテレビがニュースにする。2018年のその日も〝山口連続殺人放火事件から5年〟として、いくつかの新聞が「金峰のいま」を報じていた。一年前の取材の日々を思い返しながら、その記事に目を通しているとき、スクロールの手が止まった。こう書かれていたからだ。

事件前に十数人が住んでいた郷集落は現在、3世帯6人が暮らす。今年に入って、被害者の河村聡子さん（当時73歳）の夫、二次男（ふじお）さんが亡くなったという。事件後は集落に1人で暮らし、自ら法廷に足を運んで保見被告と向き合ったが、裁判の行方を最後まで見届けられなかった。（毎日新聞　2018年7月21日）

この日も、事件はまだ最高裁に係属していた。「早《はよ》う死刑になればいいと思うちょる」と私に語っていた河村さんは、自分の妻を殺害した男の裁判を最後まで見届けることなく、亡くなってしまっていたのだ。

——実は前章の最後の証言者は、河村さんである。

「明け方に玄関のベルを鳴らされた」「不在の間に荷物を外に出されていた」……事件から4年が経った頃、被害者遺族である彼の家に嫌がらせをするものがいたというのである。その後どうなったかについても知りたかったが、それを語ってくれる人はもうこの世にはいなくなってしまった。

河村さんの死にショックを受けながら、それまで記憶の脇に追いやっていた〝お蔵入り〟

の原稿のこと、当時の取材のことを思い出した。

その前年、事件から4年がたった日、実は私は河村さんのお宅にお邪魔しており、その日の朝に撮影されたというテレビのニュースを河村さんと一緒に観た。自宅脇の聡子さんの墓に花を供え、手を合わせる河村さんが映っていた。この当時、昼から酒を飲む生活を続けていた河村さんは、足首をひどく腫らしており、歩くのも辛そうだった。何らかの異常があることは一見して分かったので、この取材の期間、会うたびに病院に行くことをすすめて、数日後に東京に戻った。この時の取材が最後の邂逅になってしまった。色々なことを思い出しながら、あれだけ話を聞かせてもらった河村さんに、申し訳ない気持ちが湧いてくる。

その日の夕方、家に帰った後、私は台所に直行した。シンク下の戸棚を開けて、奥から椎茸の入った大きなジップロックを引っ張り出す。ずっと前に、河村さんからもらった自家製の干し椎茸だ。自分の原稿と同じように、この干し椎茸も取材から戻ってずっと眠らせていた。夫が椎茸嫌いのため、なかなか料理に使う機会がなかったのだ。九州出身の私は筑前煮……方言でいうと「がめ煮」が大好きでよく作っているが、夫の手前、スタメンであるはずの椎茸を使うことができず、昆布で代用するようになって久しい。だが今回は、自分だけのために、河村さんの干し椎茸を戻して、がめ煮に入れた。

心なしか埃っぽい味がするのは、長く放置しすぎたせいだろうか。家族に嫌がられるなか、納得のいかない出来栄えのがめ煮をひとりおかずに食べ続けながら、金峰の景色を思い出し、亡くなった河村さんを思う。

河村さんの苦しみを伝えられるのはひょっとしたら、私しかいないのではないか？　などと偉そうなことまで考えているうちに、ひとつの作戦を思いついた——書籍化が無理なら、あの時の原稿をウェブに掲載してみよう。

私はその日のうちに、当時世話になった編集者に話を通したうえで、noteというウェブサービスに、前章までの原稿……オリジナル版「つけびの村」を、6つの記事に分けて掲載する作業を始めた。

取材や執筆にかけた時間を少しでも取り戻したい気持ちから、原稿は3本目から100円と有料にした。「ネットでは有料コンテンツは読まれない」「ノンフィクションの読者は減った」……散々に言われているが、そんな時代にライターとしてどう生きていくかということを模索するための、ひとつのチャレンジでもあった。有料の長文ノンフィクションはウェブでどこまで受け入れられるのか。

とはいえ、公開からしばらくは、全く動きがなかった。

記事購入数は、月に数十本程度。

「やっぱり事件の記事はなかなか読まれないのかぁ……」

またまた自信をなくす。原稿を送った何人かの編集者が、返事をくれなかったことを思い出し、さらに落ち込む。公開して時間が経つにつれ、記事購入者数も減ってきた。

こうした経緯から私は、しつこく一つの事件を取材し、それを長編の記事にするという従来のノンフィクションのスタイルは、もはや現代には受け入れられないのだという結論を下していた。自分の感触としても、紙の雑誌に記事を書いた時と、ウェブに記事を書いた時では、反応が全く異なる。雑誌に掲載されても、誰からも反応はない。これからは、ウェブに数千字程度、ある事象についての小さな事柄だけを、センセーショナルに報じる記事が読まれるのだろう……そんな諦めに近い気持ちを抱いていた。友人の編集者は私に「長編を書いた方がいい」とアドバイスをくれたが、そんなことをしても食っていけないではないか、と怒りを感じ、ウェブの記事執筆に邁進《まいしん》していた。

——ところが、2019年3月に異変が起こった。

noteの購入者数が突然、爆発的に増えたのだ。

いわゆるインフルエンサーとよばれる人々が、SNSで私の記事を拡散してくれていた。

そこからまた購入者数が増えていく。

私はその頃、家族よりも長く18年間も一緒に暮らしてきた猫のメチャが具合を悪くしており、看病しながら子供の卒園・入学の準備に追われていた。最近の保育園では、卒園式後に保護者主導の「謝恩会」なる催しがあるのだ。店を貸し切り、保護者が司会をして、その日までに練習した出し物を披露したり、ムービーを上映したりする。私はその謝恩会の幹事グループに入っており、準備は佳境だった。

参加人数を改めて確認し、店へ電話。プログラムが滞《とどこお》りなく進行するか各係に確認し、幹事らで共有。パパたちが踊る『U．S．A．』の完成度をチェックしている間に、LINEには当日の段取りについての連絡がいくつも入る。いっぽう、猫とは永遠の別れがもうすぐ訪れるような気配があった。排泄に失敗するメチャのお尻を、お湯で温めた布で拭き、床を掃除してから、膝に乗せて一緒にソファで眠る日々。そんな中、ひっきりなしにnoteからの購入通知が届く。体力と感情の限界を感じながらも、〝なんの脈絡もなくnoteの購入者数が増えるものだろうか〟と疑問に思ったが、この騒動の直前、私はネット媒体で、ある有名で陰惨な少年事件の加害者のひとりが再犯を犯したという記事を書き、それが広く拡散されていた。記事の執筆者名から検索し、noteにたどり着いた人もいたことがわかった。

そうこうしている間に書籍化の依頼が、いくつもの出版社から舞い込む。

いつもならば、企画書を書いて送っては出版社に断られる立場だったのに、今回は出版社の方から依頼の連絡がくる。ツイッターで感想がまとめられ、ネットニュースからはそのバズりについての記事化の連絡がきた。疲れ切っていた私も、さすがにこれは異常事態であると認識し始めた。

とはいえ疲れ切っているので、決めかねていた。

ウェブでノンフィクションがどれだけ読まれるかという挑戦は、どうやら良い結果となったようだが、書籍にするのはどうか。noteに原稿をアップした段階ですでに、それは目的ではなくなっていたからだ。むしろ、なぜ突然爆発的に購入者数が増えたのかじっくり分析し、どうすれば継続的にウェブで記事を買ってもらえるかを考える方が将来の自分のためになるようにも思えた。

だがその前に、河村さんの死について、真相を知りたい。また、保見が事件を起こした金峰の郷という集落についてもう少し歴史を辿りたい。山間部は過疎化が進んでいるが、かつては賑やかな良い時代もあったと、取材の時に聞いていた。追加取材ができるのであれば、という思いで、最初に書籍化の連絡をくれた晶文社の江坂祐輔さんに決めた。「長編を書いた方がいい」とアドバイスをくれていた友人の編集者も巻き込むことにした。藤野眞功《みさを》さんは作家でもあるが、横田徹『戦場中毒』をつくるなどフリーランスの編集者でもある。

猫のメチャは子供の卒園を見届け、この騒動を途中までともに過ごしたのち、あの世へ旅立った。ペット霊園で火葬してもらい、戻ってきたお骨を、いつも目にする棚の上に置いた。

もう保見ワタルについての取材は終わりだと思っていたし、金峰に行くこともないと思っていたが、こうしてまた、私は取材のために周南市に向かうことになったのである。

# 古老の巻

山いちご、いたどり、すいば、ずぼう、生いも、生栗、ぐいみ……あの頃は、山にあるもんが全部、おやつじゃった。川で魚を釣ったり、泳いだり、自然のなかで遊びまわりよった。夏の夜は、箒を片手に蛍を捕まえに出かけたもんじゃ。

今はなあ、人が全くおらんようなったし、家もないが、その頃はそりゃあ、この辺には、ものすごくたくさんの家があったよ。じゃから、子どもも多かったな。金峰小学校も生徒が多かった。この頃の金峰は周南市じゃなく、須金村じゃから。須金村立金峰小学校（金峰尋常小学校／金峰国民学校）じゃな。金峰小学校は、いまの「杣の里交流館」のところにあった。小学校になったら皆、歩いて通学しよったよ。

小学校一年生の頃は、まだ学生服がなかったから、生徒の半分くらいが着物じゃった。何年かして洋服とズックができたが、それまでは着物じゃったな。子どもは百人以上はおった。その頃は高等科も同じ場所で教えよって、小学校を卒業したら高等科にそのまま通う。中学校もあそこにあったが、のちに合併して鹿野中学校になった。

昭和五年。ちょうど金峰に電気がきた頃に、わしも生まれた。

うちは昔から米と麦を作りよった。このあたりの家もだいたい同じように米は作りよったが、麦はあんまりなかったな。肉牛にする牛を飼いよった家は、その牛に食べさせるちゅうんで、麦を植えて育てよった。人間が食べるというよりも、動物に食べさせとったな。米を作ったあとの、その藁も牛小屋に敷いたり、食べさせたりしよったよ。

肉牛は売るために飼うのよ。自分とこで食べるためじゃない。肉牛を家で食べるようになったのはだいぶ後やね。終戦になってから、肉を買ってくるようになった。それまで買うこともなかった。食事といったら、家で穫れた米と野菜を炊いたりして食べよった。醤油や味噌など、調味料も作っておったよ。

農業をする家には、だいたい牛がおった。牛で田んぼを引いたりもしよったからな。ただその牛を飼うのもねえ、まあ、田んぼが少ない人は牛を飼うにしても、日常生活に金がたくさんかかって、なかなか金が回らんから、難しかったね。

大きい牛は飼えんから、小さい牛を飼って、ある程度育てよった。それで今度は、麦や米をたっぷり作るような人が牛を譲り受けて、肉牛に育てて、解体場へ送りよった。餌を作れる土地がないと、肉牛を最後まで育てるのは難しかった。じゃが、農業する人はだいたい牛を飼っちょったな。

この辺には電気はきちょったけど、ガスちゅうようなものはなかった。火は、薪で炊きよった。かまどに鍋をかけて薪で炊いてな。「煙を出さんにゃ家が腐る」ちゅうて、燃やして煤《すす》を出しよったよ。茅葺き屋根じゃったから、煤をつけにゃ腐るんじゃ。

この家もそうじゃが、いまのようなトタンや瓦の屋根になったのは、そりゃだいぶ後やね。昔はどこも藁《わら》葺き、茅葺きの屋根じゃった。茅葺きは少なかったよ。皆、藁じゃった。じゃけど、藁は長《なご》う持たん。五、六年しか持たんのよ。茅で葺くと二十年ぐらい持つが、こちらは高価じゃった。

山にね、茅刈《かやか》り場《ば》ちゅうて、作っちょったよ。山からそれを刈ってくるのもだいたい、今じぶん、春の頃に刈りよった。いまごろ刈ると、葉が落ちて、茎だけになる。その茎だけになったのを刈りよった。茅が長うて、裏の方が小そうて、元の方が大きい。茅を並べていくのに、根元が茅の裏の方が高うなっている方がええ。

ガスもなかったけど水道もなかったなぁ。それぞれの家にどこからか水が出るから。タンクを……タンク、ちゅっても、コンクリのタンクはないから、木を舟のようにくって作りよった。そうしてそれに水を溜めて、それを汲んでやりよった。バケツでなく桶で汲んでな。水は溢れたら落ちるようにして、古いものと入れ替わるようにしとった。

このへんは三百六十五日通して、水がずっと出よる。あまり高くもないが、山があるから水は一年中出る。農作物を育てるには適しとったよ。郷集落のほうは、寺の下の方に井戸があって、そこからよう水が出よった。洗濯は川でやりよったな。

結局、今も上水道は来やせんから、それぞれの家で皆、水道管から水が出るように水道を作った。パイプができてから、水道ちゅうのを作ったな。それまでは竹を割って、節を落としてそれでやりよった。

わしの家の炊事場にはカメがあって、桶で汲んだ水をそこに入れる。カメがない家は桶じゃったな。それに水を汲んで、炊事に使いよった。小学校四年か五年ぐらいまで、そういう暮らしじゃったが、それからだんだん、皆が工夫をしたし、色々と情報も入るようになってきた。まあテレビやラジオも何もまだないから、情報ちゅうのはもう、誰かが町へ出て、色々な話を聞いて帰るしかなかったからね、それで戻ってきた人の話を聞いて、色々と工夫をしてあれこれ作ったものよ。パイプを引いたのは戦後やね。

この山の中じゃ、道も便利が悪いし、昔はこんなに広くない、舗装もされておらん。狭い道じゃった。そして、どこへ行くにも歩かにゃならん。乗り物、自転車も後からできた。自転車乗りよったのは、昭和十三年ごろに自転車がやっとできて、買う家があったぐらい。自転車はできたが、皆がそれを買うほどではなかった。生活ができんじゃったしね、お金が入らんから。

皆、歩いて移動をしよった。十里、二十里は子供でも歩きよったよ。そりゃ、鹿野まで行くのはしょっちゅうじゃ。アンタさん、十里わかるか？　一里がだいたい四キロじゃから、十里じゃったら、四十キロ。そのぐらいはもう、歩くのが当たり前じゃ。用事ができればもう歩いて行く、子供でも。戦後になったら、ようやく自転車なんかもきたから、今度は自転車で。

自転車がない頃でも、牛や馬に乗って移動することはなかったな。人が乗るというよりも、荷物を積んで徳山へ持って出よったんよ。野菜を売るんじゃない。木炭とか薪が、主体じゃ。それを売りに行くの。専属で馬を飼って、馬車を曳いている人がおって、その人がそれを受けて、徳山へ向かう。金峰では、木炭を作って町に売る者がおった。もう作る者はおらんが、竹細工も盛んじゃった。

汲み取りなんちゅうのもなかったから、トイレは皆、畑にやって。下肥《しもごえ》じゃ。いまでいう循環型じゃな。きゅうりやら、なんでもよく育ちよった。そのうち汲み取りになってきて、そういうこともなくなったが。下肥も「汚い」ちゅうて、だんだんと、嫌がるようになる人も出てきたな。

着るものは、反物を買ってきて縫ったりしよった。服とかは、やっと買えるようになりよったけえね。昭和に入ってしばらくしてから、作業服ちゅうのができたんじゃ。わしが小さかった頃は、ここには作業服はまだ入らんじゃったから、皆、着物を着て作業しよった。

その頃は、藁で草履を作るのが仕事じゃった（笑）。その草履も三日ぐらいしか持たんから、三日ぐらい経つと親に作ってもろうて、履いて学校にも行くし、農作業の手伝いもした。卒業してからの作業もまだまだ草履でしたもんじゃ。そうするうちに、地下足袋ちゅうもんができた。そうして今度は地下足袋を履いてな……戦争が始まったのは、その頃じゃった。

こっちは山の中じゃから、終わりの方になって、東京やら大阪やらが焼き打ちされるようになっても、わりに呑気に過ごせよった。ひっきりなしに空襲がくる、ちゅうようなもんじゃなく、一度、徳山が爆撃されたとき、学校の裏に横穴を掘って作った防空壕に皆が逃げ込んだことがあるぐらいじゃな。

ただ、ある朝起きたら、前の日の夜に米軍の飛行機が上を飛んじゃったようで、金峰小学校の運動場の向かいの山に、ものすごい量のスズが見つかった。もうすごいピカピカと光るうえに、こすれあうと音がするもんじゃから、わしの下の兄弟なんかは面白がって、それをおもちゃにしよったな。徴兵は、やっとギリギリ免れたぐらいじゃ。わしは行かんじゃったが、もう少し早う生まれた人は行っちょったな。

戦後になると長靴が入ってきて……あれはまた便利じゃったな。わしらも地下足袋から、長靴を履いてやるようになった。今考えてみれば、終戦後はものすごい便利になったたな。アメリカから物が入ってくるようになったから。日本には全然、そういうゴム製品いうものはなかったからな。昔は大変じゃったよ。

それから、いろんなもの、そうじゃ、鶏も入ってきたんじゃ。協同組合が「ニワトリの雛いりませんか」っちいうて注文をとりにきた。こちらは肉を売るゆうよりも、卵をとって、それを売る。自分とこで肉を食べるのとも違《ちご》うて、卵を売る。当時は卵がなかったからね。卵だけじゃなしに、肉もない時代じゃった。

第一、肉を買うこともほとんどなかったね。スーパーはないし、お店屋さんがあっても肉を置いちょるところはないし。だから、肉はたまに農作業の罠でかかった動物を食べたり、ちゅうような程度しか食べてなかった。このあたりじゃ、罠に引っかかるのは野うさぎが多かったな。イノシシは、まだあとじゃ。戦後間もないころは、イノシシはこの辺には出んかった。野うさぎは、あまり見かけんようにはなったが、今もいるのはいるよ。

ここにも一軒、雑貨屋があって、菓子や醤油や味噌なんかはそこに置いちょったが、肉やなんかという生鮮食品は置いてなかった。田舎じゃから、白菜や人参、大根みたいな野菜を買うちゅう人はおらん。皆、自分で作りよった。

魚も手に入らんじゃったな。時々、行商の人が来るぐらい。ほとんどねえ、魚も食べんじゃったよ。一年に二回、三回ぐらいしか食べんじゃった。

牛肉なんかは、わしは子供のときも終戦後もしばらく経つまで食べたことはない。そうしてスーパーができて、肉が出だしたから時々は食べよる。しかし今もそうじゃけど肉が出たからちゅうて、そんなにたくさん食べるわけじゃなかった。わしのように、粗食をした人ほど長く生きると思うよ。飽食をした人ほど短命じゃ。

金峰へ自動車が来たのは、戦後十何年たってからやね。やっと車ちゅうのが、ここへ一台か二台か、ありだしたかな。農作業をする車じゃなしに、ただ色々なところへ行けるちゅうんで、持った人がおって。その人が乗せて行ったりしよった。車が好きな人、金がある人は車を買って乗りよったけど、それはもうずっと後の話よね。

病人が出た時は、病院まで歩いて行きよったよ。行かれん人は自分のうちでお医者さん呼びよった。当時は戦後じゃったからタクシーが来よった。ここまで来て。バスも通い出したかな。戦後ちょっとして、バスも通い出した。だいぶ（誘致）運動して道路を拡張してバスが通れるようにして、それでようやく鹿野までバスが通ったんじゃ。

バス停は、保見ワタルの家の前じゃった……鹿野や須金からもバスが来よったね。あそこで両方とも折り返しよった。当時は、それだけ乗る人が多かったということよ。

終戦直後の金峰小学校には、百五十人ぐらいは子供がいた。もちろん、大人も多くいたよ。バスが来たのは、昭和三十四年じゃ。それから通勤通学、移動がしやすくなった。そして知識、文化ちゅうのが入り始めたんじゃな。

それまでちゅうのは田舎者、まさしく田舎者で、街の空気ちゅうのが全然つかめんじゃった。だんだんとこうして徳山の方の話が入ってくるようになった。交通が発達するまで、街に遊びに行こうちゅうような空気にはなっとらんじゃった。徳山の街自体もまだ、そういうような雰囲気ではなかったからね。

どんな話が入ってくるか、ちゅうても、そりゃ色々なものが流行しているちゅうのが入るから、まずは金を儲けてから買いに行こう、ちゅうふうになって、だんだんと文化が発達して来た。それで、今度はラジオやテレビ。行商人がおって、ラジオを背負って売って歩きよった。わしのうちは比較的、ちょっと仲のいい家がそれをやりよったから、わりと早くラジオを買ったね。

戦時中、金峰でラジオを持っている家は少なかった。戦後もねえ、しばらくたってからじゃな、皆の家にラジオが入ったのは。ラジオが入ってだんだん、テレビができたそうな、ちゅう話があって、それでテレビが入って来た。

テレビは、東京オリンピックを観る、ちゅうんで買った人が多かったかな。うちもそうじゃったと思うよ。あの頃は賑やかじゃった。じゃが、だんだんと人がおらんようになった。バスがなくなるのはねえ、昭和の何年ぐらいかなあ、昭和五十年ぐらいか、もうちょっとあとかもしれんな。戦後、このあたりは、それはものすごい変わったよ。それはもう、一気に変わったね。便利にはなったが、人がおらんようなった。

いま、このあたりを見回すと、山々には杉ばかりが植えられておるが、もともとはこんな景色じゃなかった。杉が増えたのは、終戦後に林業が盛り上がってからの話じゃ。昭和二十六年にルース台風ちゅうのが来て、ここら辺の田んぼが皆、川になった。木を植えんと水害が起こるちゅうようになって、その年を契機に、山に木を植えようちゅう、風潮ができて、そうして多少植える人がでてきた。そのうち森林組合ちゅうのができて、苗を斡旋《あっせん》し始めてからやね。森林組合が苗を斡旋し始めてから林業が盛んになった。それまでは雑木ばっかりじゃったから、ここまで鬱蒼とはしておらんじゃったな、うん。そんなふうにして、戦後に植林ブームが来て、農業をやりながら暇なときに木を植えるような家も増えた。

昔、このあたりにたくさんあった家は、農家もあったし、出稼ぎの人も多かった。と言っても、徳山に出る「出稼ぎ」いうのは、もっとずっとあとでな、最初の頃は皆、ここのあたりで田んぼを作る人、山をたくさん持っておる人がそういう人を雇っていた。

それが、東京オリンピックの直前、昭和三十八年にものすごい雪が降ってね、一メートルぐらい雪が積もって。二カ月あまり、雪に降り込められて仕事ができんじゃった。ほうで、ああいうような日稼ぎの人は困って、どうしようかちゅうて……そんなときにたまたま、徳山の工場が労働者を募集したんじゃ。それに出だしたのが、昭和三十八年以降じゃな。それで工場が車を仕立てて、村まで迎えにくるようになって、ほいで、朝弁当を持って出て、夕方帰って来るちゅうのが始まった。だからほとんどここからもう、出稼ぎちゅうって出よったねえ。そりゃ農家の人でも、暇なときは工場に出よった。ほいで、たくさん山がある人は木を植えたわけ。そのようにして、色々な産業にかかわるようにして生活を維持していた。その当時でも金峰にはまだ、人がおったよ。それは、ものすごいおったよ。少なくなったのはもう最近やね。それは、今度はここでの生活が難しくなって、そのいっぽうで街の生活が豊かになって、生活しやすそうになったちゅうんで、街へ出る人が多くなった。

街の方が便利になれば、そりゃ人は少なくなる。ここから出ていく人と、亡くなって家が潰れる人といろいろあるね。子供も家を継がなくなった。街へ出て、街で働くようなのが多いなった。保見ワタルのようなものが多いなった。街で働きやすくなったから出て行って、一気に田舎が寂れた。

ワタルの世代がピークじゃったかもしれんな。子供の数が多かった。中学校卒業すると、すぐ街へ出よった。「金の卵」と言われた時代じゃな。街も若者を労働力として呼んだんじゃろう。ほうやから親は、昔の生活を維持しながらやりよった。子供が都会で稼いで金を送る家もあったね。そうして過ごすうちに親が死に、家が潰れる。

出て行ったのは、そりゃ、ここで生活ができんからよ。田んぼもないし、畑もないし、山もないとなると、出ていく以外方法がなかったわけじゃ。ここにおる人が雇ってくれるかというとなかなか雇ってくれない。都会に出れば仕事もあるし、お金も稼げるし、ちゅうんで出て行った。その当時は、以前のようにこの辺りの農家が人を雇うこともだんだんとなくなっていた。じゃから、街に出れば稼げるちゅうんで皆が出て行った。それでこの田舎がますます寂れた。だから農業をやめていった人も多いな。

村から出て行かんかったものたちは結婚して農業などを続けておったが、見合い結婚ばかりじゃ。わしもそうじゃった。親に勧められた相手と結婚した。好きになった女もそりゃまあ、いたけどねえ、そんなに簡単に結婚できるようなところじゃなかったね、昔は。

昔は家の格式がどうだの、色々なことを言いよったし、来る方も、あんな山の中じゃいけんとか、生活の状態がどうだこうだと色々言うて。今のようじゃなかったよ。自由な結婚じゃなかったからね。

夜這い？　夜這いはそりゃ、皆ここだけじゃなしに至るところにあったよ、昔から。遊郭ちゅうもんがない時代じゃったから。街に出ても遊郭ちゅうものはあまりなかったからね。

戦争が終わって、金峰もずいぶん様変わりしたが、なくならんものもあった。

この村では昔からいじめがあったんじゃ。

あの家が土地を持っているだの、裕福だのとなると、いじめの対象になる。わしの家もやられたものよ。わしの親父が一番最後に手酷くやられたちゅうのは、ちょっと空き家のあるところに、復員軍人がおったんじゃ。その復員軍人が、復員したから結婚が遅れて、三十何歳でもまだ独りもんでおって、それに嫁をもらうちゅうて探しとるときに、それに対する中傷文が来たちゅう。

それを読んでみたら、わしの親父はね、若いときにまあ、親が良かったんじゃろう、教育に理解があったか、坊さんがここにおったんじゃが、その坊さんに書道を習いに行きよった。字を書くことは、まあ、それは上手に書いていた。皆もそれを知っとった。そういうふうなので復員軍人のやつも、手紙が来たときに字が上手じゃったから、わしの親父がその手紙を書いたちゅうのを勝手に想像して、決めつけて、それを言いふらして、いじめられたんや。

本当に勝手な当てずっぽうで証拠もないのに、わしの親父が書いたちゅうが証拠もないのに、ええ字じゃった、ちょっと上手に書いたから親父が書いたと。うちの親父が書いたんじゃないのに。一生懸命、嫁を心配するちゅうて、聞いて歩いたりしてから、人の情報を得たりしよったんじゃからね、そういうことは絶対ありゃせんが、それがあったと言うて。

そうしたら、その当てずっぽうの思い込みに同調する人が出てきよった。何も知らずに、ただあの人が言うから、そやったらそうしようかちゅうような。そうして、親父だけじゃなしに、今度はその息子……わしをやっつけちゃろうというような形になったんじゃろう。じゃから、わしもそりゃあ、ひどいうわさを立てられて。

とくに、わしの結婚式のときあたりは、ものすごく、あの威力を返すちゅうんでね、そりゃひどかったよ。わしの母が死んだ時も葬式は、わしを困らすちゅうんで。それは最初、亡くなったちゅうて、わしのうちに皆集まって葬儀の段取りをしたんじゃけれども……当時は葬儀屋なんちゅうものはなかったからね。そんなときに、うちから離れて、そうして二、三人が話して、わしをやっつけてやろう、どうしてやろう、という相談をしたんやね。急に、わしが他人さまを馬鹿にしたちゅう。そういう噂を立てて、そういうふうなのが原因にしてわしをいじめにかかった。

じゃからもう、根も葉も無いところでわしの家はいじめられたんじゃ。根も葉もない、何の根拠もなしに、皆その、誰かがひとりを叩き上げて悪者にしてしもうた、ちゅうことじゃ。うちは全く身に覚えのないことで、親父もわしも、村八分にあったちゅうことやね。

ここの地域の特性じゃな、これは。

特性ちゅうのは……貧乏人の揃い、ちゅうたら大変失礼じゃけど、ここは、そんなに裕福な人が少なかったために、自分中心にしかものが考えられんかったちゅうことじゃな。ここで生まれたものは皆、自分を中心にしかものを考えんじゃった。自分さえよければ相手はどうなってもいい、という考え方で生活をして来たから、そういうふうなのが、あっちもこっちも、すべて、やることなすことすべて出ていた。

今はだいたい代替わりが進んだために、若い世代になったから、今日あたりも若いのばっかりじゃから、別にあいつが悪い、こいつが悪いちゅうような話は全然出なんだ。そういうふうな、今の若い人の考え方にだんだん変わりつつあるからね、今度は変わってくるかもしれないな。今まではそうじゃなかった。これまでは、そりゃあもう、みんな、今度はあの人を落とすちゅうような考え方が強かったな。

今度はそういうことはない、代替わりをしてからはそういうことはないと思うよ。そういじめられるちゅうことはない、時代も変わってきたし。ここはだいたい昔から、田んぼは少ないし、山も少ないし、働く場所もないし、ちゅうような貧乏な集落じゃったから、そういうふうになったわけね。わりあい、鹿野の町付近の人は、田んぼも多いから、ああいうふうに田んぼもたくさん持っていたら、おおらかな人が多いな。

農家をいまも続けてきちょる家は、あれこれと仕事を選んでやってきた。戦後に、物が豊かになって、行政もきちんとやりだしてからは、いろいろと、あれをやったらどうか、これをやったらどうかというのでやってきたんじゃ。リンゴや椎茸、色々やったが、椎茸は定着したね。いっときは椎茸ブームじゃったから、どんどん売れよったよ。乾燥椎茸ちゅうのはそう儲からんじゃったが、生椎茸では、そりゃ稼いだね。

今残っている人は真面目に働く人じゃから、まあそりゃいいかもしれんね。どうにもならんのは亡くなったから。残っている人は、なんとか金峰を守っていこうちゅう人が多いからね、それでいいんじゃないかな。

そりゃ、ここに長くおるから、わしはそう思っているけど、金峰をなんとかしようという気持ちやね。それは、わしは忘れたことはない、忘れないでやってきよるけど。わしが戦後に、ここで百姓を始めた当初は隅々まで田んぼやったからね。イノシシがいないから、山の奥の奥まで田んぼじゃったから。

石垣を作って、田んぼを作って、よくもまあこんなに田んぼを作ったもんやなちゅうのが最初に感じたこと。それを守るために、まあ、いまは山になってしもうたし、イノシシも出るし、そりゃあ、なかなか状況を変えることはできんけれども、ほっぽりだして、この村から逃げるとか、あるいは金峰をダメにするとかいうことをしちゃ、先祖に対して申し訳ないと思うから、ひとりでも、守れるだけ守ろうちゅうのが、わしの考え方よ。

うちの先祖だけじゃなく、この付近、金峰を開拓した人たちのことを考えるとね、大変なことじゃっただろうが、それをやって、後世に残してくれたちゅうことじゃから。その人たちに対する恩返しのためにも、金峰を簡単に捨てちゃいけんなと思うちょる。

# ふたたび郷へ

早朝に徳山を出発し、2年前に通った菅野湖沿いの県道41号線を北上する。オレンジ色のガードレールの向こうに見える山々の緑はまだ、夏に来た頃より控えめだ。県道片側から生い茂る草木が車をこすることもない。ただ、以前と同じように家族と思しきサルの集団が歩いているのを見かけた。車に気づくとサルたちは慌てた様子で山に戻って行く。金峰はそういうところだった。トイレや生き物、虫など、私にとって通常の事件取材とは異なる気遣いが必要となる場所だ。だんだんと思い出してくる。

快晴だった空模様は、山間部だからか、もしくはその日、たまたま天気が変わりやすかったのか、金峰に着いたときには曇ったり晴れたりを繰り返していた。

神社脇に、車を停める。降りてぐるりと見回すと、ワタルの家は相変わらず、そこにあった。事件からの年月を物語るように、ガレージを覆っているブルーシートだけがさらに劣化し、ビリビリに裂けている。風が吹くたびに中が丸見えになるので、目隠しの役割はもう全く果たしていなかった。

平日の郷集落は、人の気配がない。普段はごくたまに、41号線と交差する9号線を往来するトラックがけたたましい音を響かせるだけだが、今朝は様子が違う。9号線の側道に溜まった土や草木などを除去する作業が行われており、珍しく朝から活気がある。

盛夏には体長3センチほどのアブが大量にいたが、この日は1センチほどの黒い羽虫が大量に寄ってきて歓迎してくれた。いまの金峰を写真におさめようと金峰山に向かってカメラを構えると、レンズに虫が集まって来る。それでも、まだ、夏よりも小さい虫だからマシか……自分は金峰に馴染んだのか、慣れていないのか、どうにもよく分からなくなってきた。

作業現場の警備員に会釈をして、金峰神社の参道を登る。私はさほど信心深くもないが、ここに来るとまず神社にお参りをするのが、なんとなくルールのようになっていた。

どうやら前日まで雨だったようで、苔むした階段は湿っていた。滑って転ばないよう慎重に一段ずつ踏みしめる。だが階段を越え参道を歩き始めると、以前のように落ち葉が降り積もっていないことに気づいた。そういえば最初に来たときは、歩き難くてずいぶん難儀したのだった。落ちていた枝を杖にしてすがり、やっとのことで社殿までたどりついたのを思い出したが、今日は杖のことなど考えもしなかった。すいすい登って、社殿脇にある墓群に着いた。以前よりも歩きやすい。最近ランニングを始めたので体力がついたのか。いや、参道を掃除してくれた誰かのおかげだろう。

村人たちの墓も、以前と変わらない。

しかし、保見家の墓だけ、墓石全体にうっすらと苔がこびりついて、抹茶パウダーをまぶしたスイーツのような風情になっていた。他の墓と見比べると明らかに手入れがなされていない。花立てには、もともとみずみずしい生け花だったのだろう、焦げ茶色に変色した割箸のような枯れ茎が挿さったままになっている。供物もない。

また参道に戻った。拝殿前で、肩にかけていたバッグから財布を取り出し、10円玉と5円玉を一枚ずつ手に取る。それを賽銭箱に投げ入れ、手を叩いた。いつものように、誰もいない。風に揺れる杉の木の葉がこすれて、ざわざわと鳴るだけだ。こんな無人の場所で、初っ端からクマに出くわしたらこれからが台無しだ。神社前で1カ月ほど前に、クマが目撃されたとの情報をネットで目にしていた。それもあって、クマのことを考え出すとなんとなく不安になり、急ぎ足で参道を下る。トラックの走る轟音が聞こえて来るところまで降りてきて、ようやくほっとした。

いよいよ取材スタートだ……とはいえ、気は重かった。取材に来る直前、江坂さんと、藤野さんと私の3人で打ち合わせをしていたとき、藤野さんがいつになく真剣な表情でこう言ってきたからである。

「noteの読者は皆、事件の真相解明に期待しているんだから、なんとか田村さんから『10年後に話す』と言っていたことを、説得して、聞き出してほしい」

書籍にするのであれば、新しい情報を盛り込みたい。私が彼でも、そう言うだろう。おっしゃるとおりである。しかし、言うのとやるのは大違いだ。

私の隣に座る江坂さんをちらっと見ると、彼も、そのとおりだと言わんばかりにうなずいている。あまりのプレッシャーに「あくまでも10年後と言っているのでダメかもしれない」と、あさはかな逃げ道を作って返答しながらも、どうやって聞き出せばいいのかと途方に暮れていた。それに、田村さんの「10年後に話す〝真相〟」を知りたいのはもちろんだが、取材者としての私がまず知りたいのは、河村さんの死の真相のほうだった。

新聞記事によれば2018年1月に旅立ったというが、私が最後に会ったのが前年の7月だから、それから半年しか経っていない。腫れていた足を診てもらいに、病院に行かなかったのだろうか……。

事件から4年が経った日、河村さん宅で一緒にニュースを観たと先に書いたが、河村さんは腫れた足を引きずってよちよちと自宅内を歩き、さらには座布団の上で足のバランスを崩し、後ろにひっくり返ったりして私をハラハラさせた。腕にも怪我のあとがあり、転んでできた傷なのだと話していた。意識はしっかりとしていたが、身体的には異変があったはずだ。

今回の取材に先立ち、前回の取材の際に知り合った現地の記者さんに河村さんの死の詳細を尋ねていたが〝風呂で突然亡くなった〟ということだけしか、聞けていなかった。

ブルーシートがビリビリに裂けたワタルの家の前から、すでに草が高く生い茂った山本さん宅の跡地前を通り過ぎ、小川が脇に流れる県道をゆっくりと歩く。道は相変わらず、湿っている。徳山駅周辺よりもひんやりした空気を感じながら山々を眺めた。風がやや強く、川のせせらぎの音に、木々がざわめく音が重なる。その合間を縫うように、

ケキョ、ケキョ……ホー、ケキョ……

練習中なのか、まだ上手に鳴けないウグイスの鳴き声がどこからか聞こえて来た。改めて見回すと、杉の木の脇に山藤の花が、そして川のほとりには水仙に似た白い花がたくさん咲いていている。きっと、もう少し前ならば山桜も咲いていたことだろう。「金峰老人クラブ」が管理する花壇、その名も「風林花壇」にも、アーチ状にさまざまな春の花が植えられており、満開だ。金峰の取材では、ざわざわという木々の葉がこすれる音が常に聞こえて来て、それが私の心もざわつかせるのだが、意外にも爽やかで色とりどりな春の景色が、取材の気の重さを少しだけ軽くしてくれた。

「1月の、とにかく寒い時に、風呂の中で死んだ。脳梗塞かなにか脳の病気じゃったんだがな。酒飲みよったから。まる一日気がつかんじゃった。ほいで、やっと見つけたら風呂で浮いちょった」

最初に行き会った村人の口から、いきなりディテールが飛び出したので驚いた。河村さんは風呂場で、湯船に浸かったまま亡くなっていたのだという。

ちょうど、宅配弁当屋のハイエースが通りかかり、それを指差しながら、村人は続けた。

「あの人が河村さんのほう来てから、裏のボイラーがついちょってボウボウいいよったから、変じゃなと思うて、ほいで家を開けてもらったらしいよ。夜のご飯持って来たときじゃろうと思うよ」

孤独な最期にただ驚き、言葉が出ない。家族に看取られることもなく、病院でケアを受けながらでもなく、ひとりで寒い日に、風呂で亡くなったとは。

寂しかっただろう。そんなことを思っていると、また別の村人の姿が見えたので、さっそく声をかける。郷では誰もが、誰かの秘密を知っている。

「河村さんは、火傷もしたんよね。あれは秋口ごろかね、寒い頃よ。ガスストーブつけちゃったときに、家にヤモリがおったんやって。それを腹が立ってやれんからね、殺虫剤のスプレーをふりかけたらね、ストーブの火が引火して自分が焼けたんよ。それで一生懸命になって消したちゅうんじゃけど、足を焼く手を焼く、かたっぽう。焼けるよね、火がくるけえ。ほいでね、火事になったらいけんから一生懸命消したんて。布団も焼けたって。新聞やらについたら家が焼けるけえ、大変じゃから一生懸命になってようやく消してから、手と足を火傷して、朝方まで炊事場の流しで冷やしたらしいよ。本人が言う話じゃから、嘘か本当かわからんよ、そりゃ」

ガスストーブが自分に引火し、半身を火傷したという。あまりのことに絶句した。さすがにそうなれば、病院に行くはずでは、と思うのだが。

どうして孤独な最期になってしまったのか？

「病院行かんかったからね。『なんで病院行かんの』と怒ったら、理由も言わず『行かん』ちゅうから、娘さんやらに話したか聞くと『言うたら病院行け、ちゅうじゃろう』ちゅうんよ。ほいでも行かんじゃったらしくてね」

半身を火傷しようとも、頑として病院には行かなかったのだそうだ。どこまで病院嫌いなのか……。火傷の手当ては自分で行っていたのだろうか。

「火傷じゃから、手や足から汁がでるじゃん。うちにも、焼けてからね、二日目ぐらいに来たんよ。火傷したとか知らんけえさあ、軽トラで来た様子を見て、河村さんじゃなあ、と普通に思うちょったんよ。

そうしたらここに足を引きずりながら入って来たけえ『河村さんどうしたんか、びっこ引いて』って迎えに行って手を引いたら『痛い痛い！』って叫ぶじゃん。見たら火傷して汁が出とる。そんなこと全然知らんけえさあ、驚いた」

手足の皮がむけ、膿んでいようとも、それに包帯を巻くこともせず、村人の家に遊びに行ったりと、普段通りに過ごそうとしていたようだ。周囲のものは病院に行くよう勧めたが、河村さんはそれにも応じなかったという。業を煮やした家族が訪問看護を頼んで、ようやく、火傷の手当てがなされたそうだ。

「嬉しそうに包帯を見せに来たよ。そのまんましとったらあのままじゃ痛いやんね。病院に行けばいいのに行かんけん」

そして、火傷の数ヵ月後、風呂で亡くなった。民生委員だった村人が河村さんの自宅に行き、世話をしたというが、他に、その時駆けつけたという村人や、葬儀に出たという村人は、いなかった。なぜだろうと疑問に思うが、さらにまた別の村人たちは言う。

「冬の夕方じゃけえ、暗いけえな。行くのはええけど、シモのほうじゃから、帰る時は、暗くなるやろう。パッと行って帰るのもあれじゃし、もし娘さんやらおったら、帰りづらくなってすごい遅くなったら大変じゃけえ。行くのはやめとこうと」

「遠方におる子供が来て葬式をしたが、行かんじゃった。行った人はこの辺じゃ少なかったらしいよ」

「葬式も、寂しい葬式だったんでしょうよ。私も行く気になれんじゃった。うん」

そうだった。金峰での取材の感覚が戻ってきた。壮絶な話も、村人たちにかかれば、サラリとしたものになる。いちいち驚いたりしている自分の方が少し変わっているのかもしれない……そんな感覚を覚えるのがここでの取材だった。

「河村さん、ワタルのことを『あれが死なにゃ死なれん』ち言いよったけど、自分の不注意で死んじょるけえ。風呂の中で死ぬるとか最低じゃん。風呂に浸かってから、無様な死に格好してからさあ。お金を持っちょるとか言うて、いつも自慢しよったけど、お金持っちょってもあげな生き方したらダメやな。幸せじゃないよ。お金持っちょったら、もうちょっと違う人生を送るよほんと。自分の生き様もね」

そして、あれが始まった。亡くなって初めて、明かせる本音も村人たちにはあるのだろう。以前の取材では、オブラートに包んだ言い方をしていた村人たちが、口々に語り始めた。

「もともとは偏屈な人じゃ。夜にたくさん酒を飲んでから、なんか考えて気に入らんかったら『あいつ気に入らん』と夜に電話していろいろと言うからねえ。奥さん（聡子さん）が『嫌いじゃ、ああいうことするけえ』とよく言いよった」

「河村さんは敵が多いね、あまりよく言う人はおらんねえ。役場におっても。後輩になる人らに対して、威張りあげちょったから。

そうして『わしは役場で税務をやってきちょるけえ、ああいうことはすぐわかる』ちゅうから、『それなら、ここで皆のためにそれを活かして協力してあげたら一番いいがね』っち言うんじゃが『そんなことはせん』と。

皆が『河村さんもなんかせんね、入らんね』ちゅうが、『わしは入らん』と言うんじゃ。『わしに役をつけて、わしを忙しくしちゃろうと思ってから』とも言うとった。先に先に頭がいくんよね。〝こうしちゃろうと思って誘うんじゃろう〟と」

そのため、亡くなる直前にいたって、河村さん宅を訪れる村人は皆無だったようだ。

村人たちとの長い立ち話を終え、私はひとりで川沿いの道を歩いた。

河村さんの家は、村の端だ。これまでに来た時と同じように、ゴミひとつない玄関はそのままで、引き戸はぴたりと閉められていた。家の奥は薄暗かったが、河村さんが健在だった頃もそうだった。「キンポー整体院」「札所」などの茶目っ気ある毛筆の看板もそのままだ。変わりのない家の佇まいに、まだ河村さんが中にいるかのような錯覚をしてしまいそうになる。わかっていつつも、扉を叩いてみた。これまでのように、窓を開けて顔を出し、ギョロッとした目をこちらに向けてくれることもない。当然ながら反応は全くなかった。

家の周りを眺める。ガレージ奥の椎茸の乾燥機もそのまま。自宅脇の墓も、そのままそこにあった。ガレージの車だけが、なくなっている。まるで近所へ買い物に出かけているだけのようだ。主人を失ったことに家だけが気づいていないのか。

もう金峰に、事件の被害者遺族はひとりもいなくなった。

あまりにも変わりのない外観に、まだ亡くなったことが腑に落ちない。墓石に河村さんの名も刻まれているのだろうか。それを見れば、もう少し受け入れられるかもしれない。そう思い、家の脇から草が生い茂る庭をかき分け、少し高いところにある墓へと近寄ったが、腰あたりまで伸びまくる雑草の手強さに負けた。

湿って厚みのある雑草を踏みしめるが、全く地面が見えず、蛇が出て来そうで怖いのだ。金峰に向かう道すがら、サルだけでなく、アオダイショウを見かけたことを思い出していた。

万が一、マムシがいたら終わりである。田舎で生まれ育った私はマムシの怖さを祖母や近所の老人に叩き込まれてきた。頭が三角の蛇に嚙まれたら死ぬ、見かけたらとにかく逃げろ、と……。本当に死ぬかは疑問だが、まだ取材初日で、先は長い。ここは安全を優先しよう。墓をじっくり確認するのは諦めた。

「このへんは水がきれいじゃから、蛍がようけおる」

そんな河村さんの言葉を思い出しながら、家の前の川を眺める。意外と流れが速いのだが、たしかに水は透き通っていた。河村さんも、時折こうして川を眺めたりしたのだろうか。ひとりでの暮らしは、楽しいこともあっただろうか。

河村さんが最後に話してくれたように、呼び鈴を鳴らすという嫌がらせをしていた〝何者か〟も、明け方にこの川沿いの道をひとりで歩いたのだろうか。それとも、そんな事実は本当はなかったのだろうか。

車を停めた場所へ戻る道すがら、吉本茜さんの家の前に差し掛かった時、いつもと違うものがあることに気がついた。車である。

早足で近づくと、いつも閉められているガラス扉が少し開いており、勝手口も開いていた。

吉本さんは事件前、ここで「コープの寄り合い」を司っていたが、事件後は息子の住む街に引っ越してしまっている。常に不在だったこの家の扉が、開いているのを初めて見た。

空気を入れ替えにきたのだろうか？　興奮した私は、家の前の小さな橋を渡って、県道9号線のほうへ回り込み、吉本さん宅の庭が見える位置から、大声で呼びかけた。

「こんにちは〜！」

布の帽子をかぶった女性が花を摘んでいる。吉本さんだ。大きく手を振って、再び家の前に走る。

「どちらさんですか⁉」

庭から道路まで出て来てくれた吉本さんは怪訝な顔でこう私に言ってきたが、以前話を聞かせてもらったライターだと告げると思い出して笑顔を見せてくれた。少し陽に焼けて元気そうに見える。ご主人の命日のため、墓参りに来たのだそうだ。しかも命日は明日だが、天気予報が雨だったので前倒しにしたのだという。ツイている。そんな偶然に思わず心躍った。

「まあ年寄りばっかりがなんとか楽しく暮らしていたのにね、あんな事件があったから。うん。なければまだ、この辺でウロウロしてたと思いますよ、うふふふ」

頭の回転の速さを思わせる早口と、笑わなくてもよいところで笑いながら話す癖は健在だ。元気そうですね、と水を向けると、珍しく少し言いにくそうに、「まあまあ、はいはい。元気です。……息子が亡くなったけどね。1年前。病気です、うん、しょうがない」。

頼って身を寄せた先の息子さんが、亡くなったのだと話してくれた。

なんと言葉をかけて良いのかわからず、黙ってしまっていると、吉本さんから話しかけてくれた。

「なんか6月に裁判があるみたいですね。私は死刑制度には反対じゃけど、うふふふ。でもね、出て歩いて欲しくないね、ここに戻ってくるというのは耐えられない。でも死刑になるんじゃろうね。終身刑があればいいんですけどね」

　事件で村は形を変えてしまったが、とはいえ、気持ちは長い時間をかけて徐々に変わり始めているようだった。

「昔は本当に楽しいところだったのに、事件が前に立ちはだかって、思い出そうと思ってもなかなか思い出せなくなって、でもだんだん、ああそうだったたな、と楽しかったことを思い出すことも最近はありますね、少しずつね。一時は全然思い出せないぐらいだったけどね。殺してやるって言っても本当に殺す人は滅多にいないよね。ねえ。うん、本当に。被害妄想とかって、怖いね。自分の中の負のエネルギーなんだろうけど、なかなか。プラスのエネルギーよりも強いね、強烈に、怖い」

　吉本さんは気持ちがしっかりしているように見える女性ではあるが、やはり事件から今まで、精神的に苦しい思いをしてきたことがうかがえる。最後に、川べりにたくさん咲いている白い花の名を尋ねると「あれは著莪《シャガ》」と教えてくれた。

　墓参りに行くための花を摘むという吉本さんと別れ、休憩のため車に戻る。私はスマホですぐに著莪の花言葉を調べた。

「反抗」「友だちが多い」……。

ノンフィクションでは、こうした花言葉と事件の全体像をかけて掉尾《とうび》を飾ることがある。しかし、著莪はリンクするようでしない花言葉だった。ここだけに咲いている花でもない。のちに箱根旅行で行った「彫刻の森美術館」でも、この著莪の花を見かけた。物語の締めにこの花と花言葉をもってくるような、ありがちなことはやめよう……そんなことを思いスマホを触っていると、見知らぬツイッターアカウントからDMが来ていることに気がついた。故郷である福岡のラジオ局から、木嶋佳苗の獄中結婚に絡み、ある番組に電話出演してコメントしてほしいという連絡だ。金峰に来ても、やはり木嶋佳苗からは逃れられなかった。

移動中、携帯の電波が途切れるところがいくつかあったため、電波状態を理由に断りを入れたが、出演予定時間帯に、電波が繋がるところに移動しているようであれば出演してほしいと言う。故郷のラジオ局の頼みとあれば断りづらい。早めに取材を切り上げ、電波の繋がるところに移動することにした。

ひとしきり村を回ってから須々万本郷まで戻り、コンビニの前で電話出演したが、出演料の話はないままに、出番が終わるとすぐ電話は切れてしまった。かなり無理をしたが、なぜかボランティアとなってしまった。最初に確認しておけばよかった。いつもならば後からでも確認するが、今回は、そういうことに時間を取るのもなんだか惜しい。諦めよう。

翌日から、木嶋佳苗がらみの連絡はいったん無視することに決めた。

午前中に、役所や図書館を回る。移動の際に流しのタクシーに乗り、最近の周南市について尋ねると、取材に来る直前の週末に行われた市長選挙の話がホットトピックのようで、その話を必ず聞かされた。

今回の市長選挙で、前市長は敗れ、初の女性市長が誕生した。話をする誰もが、前市長の不満を口にした。

「徳山には駅から少し離れたところに中央図書館があるのに、駅前にも図書館ができちょったでしょう。なんであんな近くにもうひとつ図書館がいるんじゃ。買い物やら飲食ができる場所になればよかったんですけどねえ。行ってみました？　人が全然おらんでしょう」

前市長はハコモノのリニューアルにも余念がなかったらしい。市役所も新しくなったばかりで、モノトーンを基調としたデザインに効果的に材木が使用されており、地方都市と思えないお洒落さを醸していた。

1960年にオープンし、老朽化していた徳山動物園も、2027年度の完了を目指し、リニューアル工事が進められている。前を通ってみると、外観はすでに新しくなっていた。ちょうどゾウ舎が新しくなったタイミングだったようだ。地元の園児が保育士さんと手を繋ぎ歩いている様子が外から見えた。

この動物園リニューアルに絡み、官製談合が明るみに出たのだという。

これが決め手となり、多くの市民にそっぽを向かれたようだ。

「建物ばかり綺麗にしようが、生活は変わらん」

「一握りの人しか行かん建物を作り替えるよりも、住んでいる人のタメになるような、税金の使い方をして欲しいと思うんよね。

駅前もシャッターが閉まったお店ばかりで、ゴーストタウンみたいじゃし。私たちが中学生、高校生くらいじゃった30年前は徳山駅もにぎやかで、街も商店街もたくさんあったが、昔の面影はもう全然ないね」

駅周辺がどんどん寂れ、人口減少に歯止めがかからないことに、市民たちは寂しさや危機感を感じているようだった。

昼に徳山駅前に戻り、食事がてら、その寂れた街で少し休憩をする。

徳山のグルメ情報には全く詳しくないうえ、取材時に飲食店の冒険もしないタイプの私は、最初に周南市を訪れた時から毎回、昼間の食事では商店街沿いにある喫茶店「ポパイ」に行くようにしていた。

ワタルの飼っていた犬と同じ名前の店に行くのが、自分なりのゲン担ぎになっている。相当古い喫茶店で、料理もコーヒーも素晴らしく美味しいというわけではないのだが、コーヒーを飲みながらのんびり考え事ができるのがありがたい。

白髪の老婆が運んで来た生卵乗せの甘いカレーを食べ終え、アイスコーヒーを飲みながらスマホをチェックしていると、またツイッターにDMが届いていることに気がついた。もう木嶋佳苗に絡む連絡は勘弁してくれ……と警戒したが、そうではなかった。なんと犬の「ポパイ」を引き取った、シラナガ動物病院の院長からだった。

あっという間に、出演料をもらえなかった悔しさが吹き飛んだ。白永院長は、私が周南市に来ていることをSNSで公にしたのを目にして、連絡をくれていたのだ。「ポパイ」にいるときに、ポパイの飼い主から連絡があるなんて……木嶋佳苗には振り回されているが、今回の取材はツイている気がしてきた。

徳山で毎晩、牛丼やラーメンなどのB級グルメを食べてやりすごしている私を不憫に思ったのか、取材で徳山に滞在した最後の夜、白永院長は彼の病院で働く若い獣医師とともに、徳山までやって来てくれて、刺身が美味しいという居酒屋に案内してくれた。

「せっかく徳山に来たのに、ラーメンばっかり食うとったらいかんやろう！　うまいもん食べて帰ってよ！」

白永院長は、私と同じ北九州市出身なので、方言が周南市の人たちと少し違っており、懐かしい。一気にホッとする。

note版「つけびの村」が話題になってから、今回の取材に当たって私は、差し支えない内容に限り、徳山からSNSに投稿していた。夜にチェーンのラーメン店で食事を済ませたことを書いていたのだが、それを不憫に思ってくれていた。さすが、ポパイを引き取り死ぬまで面倒をみると腹をくった白永院長なだけに、人間も放っておけないようだ。

やがて運ばれて来たイカの活き造りをいただく。呼子《よぶこ》のイカには馴染みがあるが、徳山のイカも美味しい。しかし取材にきてこんないい思いをしていいのだろうか……一抹の罪悪感と不安を感じながら、久しぶりに会った白永院長にポパイの近況を尋ねた。

「相変わらず元気ですよ！　もうおじいちゃんになってますが、変わりないです。変わらず、臆病なんですよ。そして相変わらず女好き（笑）。女性スタッフにしか懐かないのも変わらないですね」

同席している若い男性獣医師にも、まだ懐いてくれないようで、彼も苦笑いをしている。

金峰地区では、狂犬病のワクチン接種に変化があったようだ。

「狂犬病のワクチン接種のため、市内のさまざまな場所に僕らが出向くんですが、前回から、あの郷集落が接種会場から外されていました。もう犬を飼っている人がほとんどいなくなったからでしょうね」

たしかに、郷集落に住む犬は、エービーシーのエーちゃんと、神主の家にいる犬、2頭だけである。そのために獣医師を派遣するよりも、その2頭の飼い主がめいめい、動物病院で接種する方が楽といえば楽だろう。

エービーシーのエーちゃんには、取材の途中、何度か出会った。『魔女の宅急便』の屋根の家付近ではなく、いつも、少し離れた集落で寝そべっていた。こわごわ、首輪のあたりを覗き込むと、鑑札がつけられていた。飼い主の彼は変わり者だが、犬の世話はきちんとしているのだろう。ホッとした。

一審のワタルの担当弁護人は、ポパイを預けに病院を訪れて以降、連絡がないという。

「死ぬまで面倒をみるしかないですよね」

別に迷惑だとも思っていない、当たり前の様子で、焼酎を飲みながら院長はそう言った。

# ことの真相

「大きな問題ちゅうのがあるのよ……金峰全員に関係する大きな問題がある。それは、簡単には話せんよ。新聞にも出んし、報道もされんし、そりゃ分からんじゃったんじゃが、わしは最近になって、はあ、それで殺されたんか、ちゅうのが分かった。すべての問題がそこから起こっちょるんよ……」

〝金峰地区の生き字引〟と呼ばれる田村勝志さんは、取材のたびに「事件が起きたのには、理由がある」と言っていた。だが、それについては当時から「生きている子孫に影響を及ぼしちゃいかん」という理由で「(事件から) 10年経ったら話す」と、押しても引いても、何をしても、決して話そうとはしてくれなかった。

あれから1年半、いま田村さんは90歳を過ぎたはずだ。10年……2023年を待っている間に、何があるかわからない。「チームつけび」の江坂さんと藤野さんは真剣な顔で「田村さんから真相を聞いてくるのが最大のミッションなんだから。どうにかして頼むよ」と言うが、ひょっとしたら、急に病に臥せって喋れなくなっているかもしれない。もし元気で、また会ってくれたとしても、そもそも私と田村さんは友だちというわけではないのだ。

徳山に向かう前も、金峰に入ってからも、ずっと悩んでいた。付き合いも長くない、距離も遠く頻繁に会いに行っているわけでもない相手を、どう説得するか……。いろんなことを考えても、明確な答えは出なかった。1年半前の夏、頑として首を縦に振らなかった田村さんの様子が脳裏によみがえる。

私にできることは、ほとんどないが、まずはこちらの本気を伝えることだ。とにかく通い詰めよう。追加取材が決まったとき、はじめは周南市で色々な人に会うつもりだったが、やめた。アポを入れておくのは最小限にとどめ、滞在中は田村さんのもとへ毎日でも通うことができるよう、あえて他の予定を決め込まずに向かうことにしたのだ。

もうひとつ、私にできることはお土産を持って行くことぐらいだろう。治一郎の御菓子詰め合わせセット程度の〝誠意〟では田村さんは変わらないかもしれないが、ひょっとしたら、という気持ちもあった。「10年後」とは、生きていると話しづらい、という〝誰か〟に気を遣っている故の区切りであるかもしれないと想像していたからだ。

それが〝誰なのか〟はまだ分からないが、亡くなった河村さんでないとは言い切れないだろう。私が感じた範囲でも河村さんの死は、この村に少なからぬ変化をもたらしていた。

田村さんだって、心変わりの可能性はゼロではない。

金峰神社の前からお土産の入った紙袋を携え、あれこれと考えながら田村さん宅へ歩いているうち、緊張のためか腹が痛くなってきた。こんなことがないよう、なるべく飲まず食わずで腹具合を整えていたにもかかわらず、非常事態である。小川沿いの道の肌寒さが、腹に堪える。

大変なことになった。

高台にある田村さんの家が見えてきた頃、腹具合は限界を迎えていた。

玄関に向かう坂を登る前に、向かいの畑に人影が見えた。草刈機を両手に持ち、雑草を刈っている田村さんだ。私に気づくと作業を止めて近づいてきてくれたが、彼が健在だったことに対する安心が押し寄せ、腹具合もいっそう危機的になった。会うなり、謝りながらトイレを貸してもらいたいと頼み込み、まずは用をすませる。助かったと安堵したが、なんだか幸先が悪い。トイレを出て、久方ぶりの再会にもかかわらずの非礼を詫び、改めて挨拶をしてお土産を渡した。

田村さんは以前と全く変わった様子がなく、元気そうだった。

いつものように、土間の上がりかまちに腰掛け、パッケージを剝いたペットボトルに入っている日本茶らしき飲み物を、口に含む。白いゴム長を履き、グレーの作業着を着て、帽子をかぶっているのも同じだ。私も、これまでそうしていたように、その脇に座り、田村さんと膝を直角に突き合わせた。開けっ放しの引き戸の向こうには、田村さんが耕す土地が広がっている。ところどころ高低差があり、薄い緑の葉が茂っていた。

ケキョ、ケキョ……ホー、ケキョ……


ここにも、どこからかウグイスの練習が聞こえてくる。

畑から田村さんに視線を向け、話しかけた。

「お元気そうで本当によかったです。入院とかされていたらどうしようと思って……」

会うまでは、病気になっているのではないか、デイサービスが必要な生活になってはいないか、など、体調面についてさまざまな心配をしていた。そのため、心からの本心をまず伝えてしまったが、変わらぬ笑顔を見せながら田村さんは応えてくれた。

「身体は、いやあ、そう元気じゃないがね」

そんな雑談もそこそこに、最近の金峰の変化……真っ先に河村さんの死に水を向ける。田村さんはあまり雑談をしないタイプなので、すぐに本題に入った方がよい。これまでの取材で、私はそう感じていた。

「この辺じゃ、あの人のところ行く人いなかったからな、みんな嫌って。じゃから、ここでは誰も、まあ、どうしておるかという消息伺いもせんかったんじゃな。色々な理屈を言うから。それをやっても理屈言われるっちゅうてなあ……。

あんまり役立たずやったのう。役場を出たちゅうて威張ってはいたが、全くダメじゃ。この地域の役には全くたたんじゃったがな。地域にものすごい害を及ぼしとるからなあ。あのひとは……」

こんな言い方は意外だった。金峰の人々は、赤の他人の私にすら、胸の内をあけすけに話してくれるが、それまで田村さんだけは、ある一定の距離を保っているように感じていたからだ。だがこの日は、いつになく毒を含み、また話が止まらない。しかも早口でメモが追いつかないほどだ。吉本さんに匹敵するぐらいの早口になっている。

「金峰で、女房殺されたからそりゃまあ言うことなかったけれども、河村は生き残って、まあ生き残ったあの5年、6年間。その6年間ちゅうのは地獄じゃったと思うよ。そりゃあ苦しかったと思う。というのは、行き場がないのよ。私のうちへ年に二回か三回ぐらい来よっちゃったんじゃけど、私のうちへ来て、この土間へ座っちょっても、いつ帰ろうかちゅう、浮き腰で話をするような様子があった。私がいつ文句を言いだすかわからんから。ほいで、ここでわしに振られたら行き場がないから、絶対わしを取り込まにゃあ、生きていかれんちゅうんで。ここで見ちょってもようわかる。腰を浮かしてねえ。早く帰ろうと話をしていつも帰りよったの。それで、私も、こんなん責めたところでどうにもならん。せめて話だけでも聞いてやろうと思うて。そいで話を聞いちょったが、それはねえ、ちょっと、普通の人では想像がつかんほど、苦しんだ。こりゃあ、気の毒じゃったよ、最後は。女房が亡くなってからのひとりはものすごい気の毒じゃった。

健在でおるころに夫婦で喧嘩をして別れ別れになって、寝るのを別々にするというような、寝室も別に、話も口もきかん、ちゅうような、1週間も10日も口をきかん、ちゅうような夫婦じゃった。それぐらい仲の悪かったのが、なぜ、女房が死んだら、こんなに落ちるんかなあと思って……」

止まらぬ話を、相槌を打ちつつ聞いているうち、ひょっとして田村さんは覚悟を決めているのではないかという思いがよぎった。口を挟む暇もないのだ。

「それとまあ、この事件に関してねえ、まあ事件が起こるっちゅうのも、そういう関係で起こっていると思うんじゃが……ここの、金峰神社の氏神様っちゅうのは、ものすごい力のある氏神様なんじゃ。私の父あたりが言いよったけども、氏神様の土地では絶対ものを持ち帰っちゃいけんし、自然の葉一枚も持って帰れんと言われよったぐらいに、あらたかな神様じゃった。

それで、ここに住んでいたある人でも、地域で総代さんになる順番がきたが、それを拒否しよって、とうとう『やらん、やらん』ちゅうからそのままおいとったら、その人はねえ、すぐに足がダメになった。死ぬまで足で苦労したちゅうほど神様の威力っちゅうのは強かった。反対した人っちゅうのは、ここの人でも皆あの、不遇な生涯を送ってる。

殺されたのは5人で、結局、そのあと3人死んで、8人死んだ。

事件では5人死んでる。その年の初めと12月に、女と男が死んじょる。そして河村がひとり後から死んで、合わせて8人死んだ。その中で事件に関係したというのは、間接的には関係しとるんかもしれんが、事件で死んだ5人と河村は、完全に事件に関係しとるからのう。

氏神様をボロクソ言いよったのよ。

『氏神様があっても同じことで神主もつまらんし、氏神様もつまらんし、わしはもう氏子でもなんでもない』と口々に皆言いよった。それを言った人はね、全部淘汰されたね、あの事件で。

考えてみるとね、氏神様のことで喧嘩をしたり文句を言ったり、神主の悪口を言ったり、氏神様の氏子を外れるちゅうて駄々をこねたりするのは……すべて……すべて、今回の事件で死んでる。今考えてみると氏神様ちゅうのは力が強かったんやなと思うよ。

5人は殺された。河村は浮いて死んだ。あとの2人も、どちらかといえば氏神様にあまり賛成じゃない方だったからね。お寺の世話はしよったけど氏神様の世話はあんまりせんじゃった。というような関係もあって、あれらも死んで当たり前じゃったんかなあと思うけどね。だから氏神様に関係して、氏神様のことで喧嘩をしたり文句を言ったりした人は、その前から何人も死んでるよ。死なんでも、生活に不自由になるほど、身体を悪くしたりね、皆してるね」

――まさか……事件から10年経たなければ話せない真相というのは、氏神様の祟りだったのか。

「氏神様の悪口を言いよった連中と、それについて行動した連中が死んだ。皆、殺された。神主さんがつまらんとか、何も役に立たんとかいうようなことを言ったり、あとは役員と喧嘩をしてみたり。氏神様に関することで喧嘩をしたり文句を言ったりした人がこのたび一掃された」

殺害された5人について、田村さんは止まらず語り続ける。

「お宮のことも含めて地域のこともね。地域を乱したからあの人は一緒に殺されたんやな。氏神様が始末したのよ。生きちょってもお前は役に立たんっち。地域をガタガタに乱していきよったから。石村は。

それに同調していたのが他の者たちじゃ。

コープの吉本はそう、面と向かってやらんかったから生き残ったんやね。でもあれも今、苦労しよるよ。息子が死んだからね。嫁が権力持ったから苦しいと思うよ。自分が小さくなって、苦しい生活をしよる。

だから皆そういうふうに、うまいこといかんのやろう。ああいうふうなやり方をすると。同調したいうよりも、吉本の周りにはそういう、集まって、悪巧みをする家を貸したちゅうことが、やっぱり氏神様にしてみれば気に入らんじゃったんじゃろうよ。地域を乱したからおられんようにしたんじゃろう。それで息子のところに行って、楽にやれると思うとったのが、死んだからね。

ああいうやり方するとね、皆、それが尾を引いてしまう。地域を守るちゅうね、それがなかったらみんな、ダメになる」

少し混乱して来たので左指で数を数えつつ、整理しながら〝あとのふたり〟について尋ねる。祟りで「8人」が亡くなった。うち「5人」は事件の被害者たち。そして「ひとり」は河村さん、そう田村さんは言う。先ほど話していた「女と男」とはいったい誰だろうか。

「近くに住んじょった議員が、あれが12月に死んだんじゃ。その年の2月に女房が死んどる。女房は舌癌でね、最後には水も喉を通らんで苦しんで苦しんで苦しみ抜いて死んだ。議員も、まともなようやったんじゃが、あれも心臓から血管が流れてその血管が腐って死んだんじゃからね。それで車に乗ろうとしてドアを開けた途端に倒れて終わりじゃった。

ここの神様はねえ、怖いよ」

田村さんによると、事件の前からも、祟りと思しき凶事はあったのだという。

「遠くで学校の先生をしよったが、ここに帰って来て、お宮の会計になった者がおった。しかし『皆が任せてくれん』ちゅうて文句を言うて『氏神様を離れる』ちゅうふうに言い出した。もう氏神様には一切行かん、ちゅうたら、またたく間に癌になって死んどる。

もうひとりは餅まきのときに、お宮で他の人と餅の取り合いっこをして大げんかをしてね、それは間も無く脳卒中で。脳卒中、ちゅうてもまあ軽いもんで、一日中、道路に倒れてたんじゃけど発見されんじゃった。朝に家を出て倒れて、夕方に近所のものが気がついたが、見たらもう間に合わん。車椅子になってしもうたが、それから10年ぐらいは生きちょったけどね。最後は不遇な死に方をする。まともに死んだちゅうのはいないよ。

だから不遇な死に方と、皆そういう風になっちょる。どちらかというと氏神様をないがしろにしとった。檀家であるお寺のほうはまあまあそれなりに付き合うちょったけど、氏神様を粗末にしたくちじゃ……」

取材のたびに毎回、なんとなく金峰神社にお参りをしていた私は、この話を聞いて少し不気味になった。と、田村さんは私の胸中を見透かしたように、笑いながらつけ加えた。

「ちゃんと参拝して、拝んで行ったら取材もうまいことといくじゃろうし、無事に取材も終われると思うよ。氏神さんちゅうのは地域にとって大切な神様じゃけね。

金峰神社は、綺麗になっとったじゃろう。女の人がおるが、その人は月に何度か、掃除がてらお宮に行きよる。今はその人が掃除をしよるから綺麗なんや。その人がずっと、別に誰がやれちゅうたんでもないし、他人を誘うでもなし自発的にやり出したんよ。

その人はねえ、決して生い立ちも良うなかったんじゃが、今、孫たちがものすごい出世をしてね。そういうふうな子供がでてくるのよ。金峰神社へ尽くしていると。わしもその人には話しよるんじゃが、それは金峰神社のおかげじゃ、ちゅうて。あんたが掃除をしたから金峰神社のご利益上がって神様がそうしてくれたんじゃ、と」

私は信仰による報いなどは信じていない方だが、田村さんがそう信じていること、その思いの強さに、少し圧倒される。あらためて、これが「10年後の真実」なのかと尋ねると、田村さんは答えた。

「いまこういう話ができるのは、年数が経って河村が死んだからね。生きちょったらまだ話はできんじゃった。まあ、いまは遠慮ないから、10年経たんでも全部話してしもうた……今日はもう、全部話そうと思うちょった」

メモを取りながら、ペンを持つ右手につけた腕時計にチラリと目をやると、ここに座ってから2時間半が過ぎていた。不思議なことに、田村さんに疲れた様子は全くない。だが、食事の時間もあるだろう。そろそろ切り上げどきだ。

「10年経たないと話ができない、とおっしゃっていたので本当によかったです」

「いま90（歳）じゃ。こうしてね、まだ頭が冴えわたっておれるというのはまあ、よかったなと思うよ。普通じゃったらね、こんなに喋れんと思うよ。脳の回転ができんもん、次から次へ」

彼も雑談モードになった。潮時である。お礼を言い、長時間の聞き取りになってしまったことを詫び、田村さんの家を出た。

ゆっくりと敷地の坂を下り、細い県道まで降りる。そこから小走りで、神社前に停めた車に向かった。田村さんが生きている間に「10年後」の話を聞けたことの安堵感が押し寄せる。正直私も、田村さんから話が聞けなければ、書籍を出す意味はないと考えていた。少し走りを緩め、早歩きしながら「チームつけび」のふたりに、短い報告のメールを送る。ここで歩きスマホをしても迷惑をかける相手はいない。

ウグイスの声も小川のせせらぎも、この時の私には聞こえてこなかった。肌寒さを感じるどころか、ちょっと暑い。車に戻るとドッと疲れが出て、すぐに徳山に戻った。

# 山の神様

……きょうのがんじのごち走のたびに
花がくれない柳はみどり
五穀とうとう使って参る

がんじおどりをいざ踊る
シメを引け天の岩戸の前戸を開き
がんじ立てたるご利生に
くもらば曇れ空の雲
空がくもれば雨の元
奥は雪メザサガアラレ里が雨
いざ恐ろしや谷川の水

がんじ踊りはこれまでよ……

白足袋に下駄、羽織袴で菅笠《すげがさ》をかぶった中踊り役が唄う。ゆっくりとした調子の唄に合わせて扇子を回す彼らは、内の輪。金峰神社の境内に集った25人もの村人たちが唄に合わせ、すり足を外に回しながら時計の針と同じように動く。内の輪は6人、のこりは外の輪。すこし離れた脇では、差配役が拍子木を打ち、踊りの指揮をとっている。

外の輪には白装束に白足袋、紅白のタスキを締め、草履をはいた太鼓役が5人。腰に太鼓をつけ、左手にバチを持つ。菅笠のてっぺんにあしらわれた小さな花飾りは、彼らがゆっくりと動くたびに、ふわりふわりと揺れる。うちひとりの菅笠には丸い太陽神の飾り、もうひとりには三日月をかたどった太陰神《たいおんじん》の飾りが燦然と輝いている。

太鼓役に続く、袴姿に菅笠の3人は、中踊りの唄に合わせて笛を吹き鳴らす。その後ろでは、太鼓役と同じような白装束を身にまとって頭に白ハチマキを巻いた4人の白杖役と、5人の花杖役が、紅白のテープが巻かれた長い杖を回しながらステップを踏んでいる。花杖役の持つ杖の両端には薄紙を裂いて作られた、ポンポンのような花飾りがあしらわれていた。その後ろには花笠に白足袋、草履を履いた子供がふたり続く。

「昭和52年10月30日に行われた金峰神社の二十五年祭です」

原田明さんは、2017年の取材の際にも話を聞かせてもらった、地域のボランティアガイドを務める男性だ。見せてくれた資料の中には、書店には流通していない、同人誌のようなものがあった。そこに手書きの文字で、金峰神社の祭りの詳細が記されていたのだ。なんと祭り装束や、彼らが踊るステップについてのスケッチもある。

これらの資料は、広本茂夫さんという郷土史家が生前に実際に祭りを見に行き、まとめたものだった。彼は旧鹿野町時代に町職員として勤めるかたわら、旧鹿野町の文化財審議会の会長を務め、『鹿野町誌』の編纂にもかかわった方だという。

田村さんから〝事件の真相〟……氏神の祟りの話を聞いた私は、当初、得体のしれない恐怖心を抱いたが、だんだんと時間が経つにつれ、それにがっかりもした。

「金峰全員に関係する大きな問題がある」「新聞にも出んし、報道もせん」「土地やなんかに絡んでおらんよ、それは人間の心に絡んどる」……田村さんはかつて、このように語っていた。結論を聞いてみればたしかにそうだが、ワタルの起こした「事件」の原因であるならば、ワタル一族の絡む「事件」があるのだと想像していたからだ。だが、よくよく考えれば、あの話は、その地に長く住む村人が〝事件は祟りである〟と確信を持つほどに、氏神様が地域から敬われ、そして恐れられていることの裏返しでもあるのだ。

私はもう一度、金峰神社の歴史を調べてみることにした。改めて原田さんに連絡を入れ、以前と同じように、鹿野町にある「コアプラザかの」で再会したところ、前回は、その存在すら教えてくれなかった貴重な資料を持ってきてくれた。

「これはもう収蔵庫に入れてありますから、ほとんど知る人はいないでしょう」

その言葉に思わず、身震いした。再会して挨拶もそこそこに、近くの鹿野図書館に向かった原田さんは、二冊のスクラップブックを携え、戻ってきた。山間部の神社で行われていた祭りの様子が収められた写真のファイルである。スクラップブックは黄ばみ、貼り付けられた写真の糊も乾ききって、一部は剝がれかけていたり、写真同士がくっついたりしている。そんな古びたスクラップブックのページをひとつひとつ丁寧にめくりながら、原田さんが見せてくれたのは、金峰神社で行われていた祭りの写真だった。

原田さんは、くっついた写真が破れないよう、スクラップブックを丁寧にめくる。体育館のステージで面を被った男性が、釣りをしているような踊りとおぼしき写真――。

「これは鹿野総合体育館で行われた記念行事、鹿野町時代の町制55周年記念で披露された舞の様子です。平成7年10月ですね。そのときに撮影したものです。『吉野神楽保存会』による舞のようです」

ページを繰り、また別の写真を見せてくれる。

今度はカラー写真だけでなく白黒写真もある。

「こちらは昭和45年の金峰神社での祭りです。これらの写真については、広本さんが個人でずっと撮影していて、祭りだけでなく農業の様子などもずっと撮影し、スクラップしていたのだそうです」

金峰神社で撮影されたと書かれたそれらの写真には、天狗、お多福、鬼などの面を被った男性らが、神社の下拝殿と思われる場所で、舞を踊る様子が収められていた。その脇には、スーツ姿の男性らが座り、笛を吹いている様子が写っている。下拝殿の天井には紙垂《しで》が何枚も貼られている。質素ながらその場の熱気が伝わる写真だ。拝殿周辺は暗く、おそらく夜に撮影されたものだろう。たくさんの人が写り込み、たしかに賑やかな様子だ。写真にはこんな注釈があった——金峰神社　神楽　昭和45年1月　『七年祭舞』といって七年目毎に奉納されていたが今はない——。

このスクラップブックがいつまとめられたかは分からないが、昭和51（1976）年刊行の『金峰百年の歩み』には「今後、引き継いでいくことは困難」と記されている。ひょっとして、この写真が金峰神社で行われた最後の七年祭舞の記録なのか。

金峰村はもともと「河吉村」といい、金峰山は「カルサ山」と呼ばれていたが、西暦728年に和州吉野（現在の奈良県吉野郡吉野町）にある蔵王権現を勧請《かんじょう》したことをきっかけとして、金峰《みたけ》村、金峰山《きんぽうざん》とその名が改まったことは、すでに記した。

金峰山は、一の岳、二の岳、三の岳から成るが、標高の一番高い二の岳のすぐ下に岩場がある。尾張の国から来たある3人の行者が金峰を通りかかった際、その岩場を見つけた。修行に適している岩場であったことから、この地を気に入って住み着き、開墾していった。耕作を始め、生活にも適しているとわかると、さらに開墾をすすめ、国から人々を呼び集めたという。だが、永住するとなれば、子孫らが水害や飢饉などで苦しむことがあってはならない。子孫の繁栄と、この地の発展のため、守護神は必要不可欠なものだった。山に住む彼らは、山を敬い、山を畏れてもいた。

そんな彼らが思いついたのが、山の神様を勧請することだった。吉野山では大山祇神《おおやまつみのかみ》がその御本体として知られていた。こうして彼らはすぐさま吉野山へ登り、その御神体の勧請へと至ったといわれている。明治4（1871）年に金峰神社とその名が改まるが、それまでは蔵王権現社と呼ばれていた。

3人の行者が住み着き、蔵王権現社を勧請したのは、現在の菅蔵と呼ばれる集落の山奥だと伝えられている。蔵王権現社から金峰神社と名称が変わる前年、現在の場所に移った。

森の中にある金峰神社はいま、限界集落と呼ばれるようになった村を静かに見下ろす。先の章で「古老」が語ったように、かつて、この周りには家々が建ち並び、乳飲み子から老人まで、さまざまな世代の村人たちが暮らしていた。

元文5（1740）年における金峰村の屋敷数は186軒、人口は585人。天保14（1843）年には屋敷数が246軒に、人口は951人へと増加。

その後、明治4（1871）年4月、戸籍法が交付され新戸籍の編成が進められた直後には、273軒に上った。ちょうど、金峰神社と名が改まり、現在の地に移った頃だ。

だが大正から昭和、そして平成にかけては、第二次世界大戦後の一時的な人口増加を除き、ゆっくりと村人が減っていった。

それでも郷地区の人口は、昭和40(1965)年の時点で115人もいた。行き交う人がほとんどいない現在の姿からは想像もつかない。当然ながら、この頃までは、金峰神社の祭りにも多くの村人が集まり、賑わいを見せていたことだろう。いまは社殿まで、参道脇の細い道が作られており、四駆の軽トラックなどで登ることができるが、そんな道もなかった時代は、皆参道を歩いて登り、社殿前の広場で祭りが行われていたのだ。

金峰神社では他の神社と同じように、一年を通じてさまざまな祭りが行われていた。2月3日の節分祭、6月下旬から7月上旬の田頭祭、水無月大祓。そして4月29日の祈年祭・春祭、6月30日の夏祭、10月31日の例祭、11月19日の新嘗祭《にいなめ》などだ。

それに加え、7年ごとに行われる「七年祭」、25年ごとに行われる「二十五年祭」があった。前者で奉納されるのは神楽、後者は「吉野御能崩し踊り」(通称踊りくどき)と呼ばれる踊りである。

七年祭が行われるようになった契機は、遠い昔に流行した疫病だった。病に命を落とす者が絶えないことから、困り果てた村人たちは悪病追放のため、吉野より「七年祭の舞」を習って帰り、奉納祈願したのがはじまりだという。以後、金峰神社では「七年祭」として7年ごと、主に金峰谷、谷川の部落の人々によって行われてきた。湯立てに始まり、神楽、そして最後の天の岩戸開きまで24通りの舞から構成される。

一方、「二十五年祭」は、蔵王権現を勧請した直後から行われていた。吉野からの勧請が許されたものの、御神体だけは金峰に持ち帰ることができない。そのため金峰の村人は、再度、7月2日に吉野へ参詣した。ここで、神を祀る祭礼具ならびに、笙《ショウ》、篳篥《ヒチリキ》、龍笛《リュウテキ》、鞨鼓《カッコ》等の楽器一式、それに神をなぐさめる踊りを、48日間、昼夜を問わず習い覚えて、神主に御神体を守護してもらいながら、8月19日に帰郷した。そしてようやく勧請した御神体を祀り、守護神とすることがかなったのだという。

「二十五年祭」で踊り継がれてきたのは、この勧請の際に習い覚えた、雨乞いの性格をもつという「吉野御能崩し踊り」のほか四季踊り、仙松踊りなど10数種類の踊りである。


原田さんと別れ、「コアプラザかの」を出た私は、鹿野図書館で金峰神社にまつわる文献を探した。その中のひとつに、昭和3年に行われた祭りの様子が収められていた。かつては輪の中で扇子を振り唄う「中踊り」の人数も、6人といわず、その倍は確認できた。他の役どころも、同じように、もっとたくさんの人数がいた。祭りを担う氏子の数は徐々に減っていったようだ。

ふたたび金峰地区を歩き回り、村人たちにお祭りの話を聞いた。

「祭りはね、昔はもっと賑やかじゃった。人がいっぱい来て。この参道をぞろぞろと人が上がって。上のお宮の前にぐるりと露店が出たりして。すごい賑やかじゃったな。戦後ちょっとした頃、この金峰には、まだたくさん家があったね。その頃、全部で300軒ほどもあったと、じいちゃんが言いよったけえ。

一番賑やかなのは、やっぱり秋祭り。餅まきをするんですよ。あと、しめ縄を作る。秋がひとつのけじめじゃから。もともとは10月の最後の日と決まっちょったんじゃが、今頃はもう日曜に合わせるようになってきちょる。せやから、日にちが動くんじゃな」

ある村人は懐かしそうに目を細めながらこう語った。

だが現在は、舞や神楽を奉納する「七年祭」「二十五年祭」は行われていない。戦後の賑やかな祭りから、現在までを知っている高齢の村人たちは口々に言う。

「二十五年祭はなにやらすごく、大事な祭りだと言われよった。最後の祭りはいつじゃったかな……まだあそこに住んじょった人が生きとったから、30年ぐらい前かね、もう」

「七年祭とべつに、二十五年祭というのがあって、それはねえ、踊り子が30人以上も必要じゃったからなかなか難しかったらしいんじゃ。各家に踊り子の株を買ってもらって、その株で維持してきた。隣に住んじょった婆さんが一回やってるからねえ。40代の後半の時ぐらいに一回出たね。それがもう最後で、それからはやってないね。もう50年以上やってないはずじゃ」

舞の奉納が行われる祭りは消滅したが、その他の祭りは、いまでもある。現在では人口減少を受け、近い時期の祭りをまとめて一度に行うことが慣例となっているようだった。

　また、餅まきのない祭りは、〝祭り〟といえどもシンプルな形態らしい。お祓いをして、直会《なおらい》を食べて終わり、というスタイルなのだそうだ。祭りの規模が次第に小さくなっていったのには、経済成長が大きく関係していたと、原田さんは語っていた。

「金峰もそうですが、近くにある大潮神社など、山間部の神社においては、地元にいらっしゃる人でこういう神楽を舞った人は、もういないんじゃないかと思います。

　神楽が消滅した理由は色々ありましょうけど、徳山駅周辺の工場関係にどんどん人手がいるようになり、若者がそちらに就職したということが大きいでしょうね」

　戦後の高度経済成長により、徳山、新南陽など、海を臨んだ工業地域が発展してきた。山間部の農村地域に住む若者たちは、中学を卒業すると、そうした地域に働きに出て行くことが多くなった。農業と林業が主な産業だった金峰地区も、例外ではない。

「農業は機械化されてきましたから、機械を使って、遠くまで働きに行っても農業ができるようになってきたんです。経済成長するにつれ、今度は子供たちの教育に目が行きますから、子供は上級学校に進ませて、色々なところで就職するようになり、こちらになかなか住まなくなった。

　お年寄りの方は機械がありますから、農業はなんとかいまのところはやっていけますけれども、子どもたちはそういう進学をして、都市部の職業についていくわけですよね。

子どもさんたちが帰って農業するというのはなかなか難しいでしょうしね。転換期といいますか、難しい時期になっていますよね。山間部に入るほど空き家も目立って来ています。これから先はどうなりますかねえ……」

他の山間部と同様に、金峰地区の人口は減少し続けている。

２０１０年10月時点では、26世帯48人。２０１５年同月時点で24世帯40人、２０１９年４月時点で20世帯32人。うち郷集落は、２０１０年10月時点で８世帯14人、事件後の２０１５年10月時点で６世帯10人。２０１８年１月、河村二次男さんも亡くなった。

そして現在、２０１９年４月時点では、わずか５世帯８人である。

# 春祭り

その地に住むものがいなくなれば、神様を守るものもいなくなる。

〝金の卵〟世代のワタルが金峰で子供時代を過ごしていた頃は、七年祭、二十五年祭も開催されており、この金峰神社も賑わいを見せていた。彼らが都会に出てから、一気に集落の人口は減り、踊り手や太鼓などの人手が必要な祭りを続けることは、徐々に難しくなってきた。

「二十五年祭は、女が踊る、いうんじゃなしに、杖、太鼓、笠、ちゅう係がそれぞれにあったわけ。それに7人ぐらい割り当てて、あとは音頭をとる人、世話をする人などを含めて30人以上。その杖や笠、太鼓いうのが株になっちょった。株を買ってたわけ。そうして、その人たちが自分の家でずっと継承して来た。そういうことじゃった。

部落以外の人間が踊らされるということは絶対になかったが、最後の祭りは踊り手がいないから『最後になるから誰でも出られるからぜひやりましょう』ということになって、30人以上集まって踊りをしたんよ」

これが最後だ、と開催前から触れ込みのあった二十五年祭を見たという村人は語っていたが、それももう、数十年前の話だ。

おそらく、現存する祭りも、いつか消えゆく。そんな運命にある神社は、金峰神社だけではない。周南市の山間部は他にも、歴史の古い小さな神社が点在している。大潮地区にある延命の神様、多賀神社は1159年、近江国より勧請したというが、やはり過疎化に伴い祭りの賑わいは陰りを見せている。

金峰地区よりもさらに北側にある秘密尾《ひみつお》地区は、その名が示すように平家の落人伝説のある古い集落だが、同様に過疎化が進んでいる。ここにある氷見神社は856年創建と金峰神社と並ぶ歴史を誇り、社叢《しゃそう》は山口県指定の天然記念物だ。伊勢神宮と同様に、20年ごとに遷宮祭が行われ、御社地の宮を交互に建て替えている。直近の2011年に行われた遷宮祭では、同じく過疎化が進んでいるため、出身者らが集まり、祭りを運営したという。山間部の神社における祭事は、過疎化に伴い、どこも残された地元の高齢者やその地の出身者らにより細々と続けられている状態だ。

2017年の取材で、今でも続いている夏のお祭りは6月後半に行われると知っていたので、追加取材の最後に見に行こうかと、ぼんやり考え始めていたところだった。ところが今回、金峰を歩きながら村人たちに話を聞くと、私が東京へ戻る日にも、金峰神社で「春祭り」があるというのだ。

「もとは春祭りは4月の29日と、決まっちょった。ところが、10月末の秋祭りを、10月最後の日曜日に変えた。春のお祭りの4月29日は祭日じゃったから変えんでも良かったけど、同じようにせにゃということで日曜にした。勝手にそれを決めてやって来たんじゃが、いいんかわるいんかねえ。

まあ祭りちゅうてもね、ただ閑散として10分か15分お祓いあげるだけやから」

徳山へ戻った私は、せっかくなので郷土史を探しがてら、駅前に新しくできた「徳山駅前図書館」に入ってみた。神社について記した文献があればと思ったのだ。だが、書架には残念ながら、方言にまつわる書籍などが数冊あるのみ。館内の椅子に腰掛け、パラパラとそれをめくり、すぐに戻した。館内では、机を借りて勉強している学生らが数人いる。入館者も多くないので勉強には最適だろう。自分がこの地に住む学生であれば、ありがたい場所だったのかもしれない。

手ぶらで外に出る。4月の徳山の夕暮れ時は、かなり肌寒く、取材のために持ってきていた服装では少し心許ない。ホテルに戻ってコーヒーでも淹れようと、コンビニでドリップ式コーヒーを買い、駅前を急ぐ。今回来た時から、新幹線口に大きな杉玉が展示されていることに気づいていたが、近づいてよく見ると、金峰地区の人々と、周南市の小学生が一緒に作ったものだと書かれていた。直径1メートルを超えるぐらいの大きさの杉玉が、前市長の使っていたキャッチフレーズ〝じゅうニャン市〟の猫の顔に見立てられている。こうした取り組みは、金峰地区の活性化に少しは繋がったのだろうか。

＊

当日は11時から祭りが始まると聞いていた。少し早めに神社の前に着いたので、10時50分に社殿の前に到着できるよう、時間を調整しながら、急勾配の参道をゆっくり登る。

参道終盤、ガタガタの石段が続くその先に、社殿がようやく見えてきたが、その様子はいつもと少し違っていた。太鼓の音と、男性がお祓いをする声が遠くから聞こえてくる。ようやく登りきり、社殿の前に到着すると、いつもは閉まっている下拝殿奥の戸が開いており、拝殿の中が見えた。

何度もこの神社に来たが、初めての光景である。まず人がいること自体、いつもと違う。ここに建てられて少なくとも300年は経っている拝殿は、劣化が激しく、外から見たとき、瓦は白く変色し、ところどころ抜けもある。雨や風に長年耐えて来た柱も、木の色を留めておらず白っぽくくたびれている。だがこの日、開けられた下拝殿奥の扉から拝殿の中を見ると、そんな外観からは想像もつかないほど、内部は美しく立派だった。電気もついている。ところどころ紙垂《しで》が垂れている。

拝殿の中は奥まっており外に比べてやや暗いため、よく見えないが、じっと目をこらすと、白い祭祀用の服装に身を包んだ神主らしき男性がお祓いをしており、その前には、高齢の男性たちが6、7名ほど座って、静かに下を向いている。ここに座っているのが各集落の役員たちだろう。

見物人は私だけではなく、ひとりだけ村人がいた。その村人は静かに、砂利の合間に生える小さな雑草を抜きながら祭りを見ている。境内には軽トラが4台ほど停まっていた。私も村人に会釈して静かにお参りをしていると、奥から60代前半とおぼしき女性が出てきて挨拶してきた。

お祭りを、今いる場所から静かに見せてほしいと告げると「どうぞお上がりください」と下拝殿に上がるように促される。完全なよそ者である自分は、祭りに参加している村人たちにはきっと、何者かと思われているだろう。くだんの事件の取材から、神社にたどり着いたことを告げれば、警戒されるはずだ。緊張が高まるが、靴を脱ぎ、下拝殿に上がると、女性が横に立って色々と説明してくれた。

私にはすでに分かっていた。この女性は、金峰神社の神主の妻のはずだ。神主がお祓いをしている間、彼女は他の村人と一緒に座ることもせず、静かに周辺を歩いている。場を仕切る立場であることは見ていればなんとなく分かった。

郷集落に住む神主夫妻には、いまだ取材が叶わない状態だった。インターホンにも全く応答がないだけでなく、他の村人たちから、何度も聞いていた。〝取材嫌い〟であると。

この祭りの際、必ず神主夫妻に出会えると分かっていたので、タイミングを見計らって、事件を取材している記者として、取材を申し込もうかどうか、当日まで悩んでいた。だが、誰もがこう言うのである。

「何も聞かん方がいい。あれはとにかくマスコミを嫌うんじゃから。当日、もし声をかけてこられたら、通りがかりで金峰神社に参った、ち言えばええ。声をかけてくるちゅうことはないじゃろうからね。あまり仰々しくいかん方がええ」

「おたくらやらが行っても喜んで話す、とかじゃないと思うよ。こないだも桜の会があったときに、なにかテレビがきちょったけど、私らは、なにか料理してくださいっちテレビの人に言われて作りよったけど、あそこの奥さんはそういうときでも『私は帰る』って言うて帰ったから。

まあ、今頃はだいぶアレになったけど、前は、それ（事件）にかこつけてくるじゃん、ね。あれはどうですか、と絶対挟んで聞かれるけえ、そういうのが嫌なんじゃと思う」

とはいえ、神社の宮司夫妻である。私が仮に事件の取材をしている者だと立場を明かしても、その関係で、神社の歴史や祭りについて詳しく聞きたい、と頼めば、話を聞かせてくれる可能性はゼロではないように思う。しかし、村人たちの反応を見ると、そのように立場を明かして神社の歴史を聞き出すことは、かなり困難であろうと思われて仕方がなかった。

なのでこの日、私は仮の姿として〝山間部の小さな神社の歴史に興味があるサブカル中年〟という体《てい》で、ここに来たという設定にして、もし神主夫妻とコンタクトが取れた場合、その立場になりきることに決めていた。神社に興味を持っていることに間違いはない。後から明かして詫びを入れれば許してもらえるのではないか。そんな都合のよいことを考えたのは、この日は祭りを最後まで見届けて、神社の歴史を神主夫妻から聞き出すことが最重要事項だと考えたからだ。途中で「帰れ」などと追い出されることだけは絶対に避けたい。

そんな決意でここに来たので、靴を脱いで下拝殿にあがっても、極力気配を消して静かに祭りを眺めているつもりだった。だが、神主の妻は私に興味を持ってしまったようだ。

「観光でいらっしゃったの？」

「どこからいらしたの？」

「おひとりで？」

あれこれと話しかけてきてくれる。東京から休みを利用して祭りを見に来たことを伝えた。

神主妻は怪しんではいるが、神社の歴史に興味を持った者が見学に来たことを一応は歓迎してくれ、さまざまな説明をしてくれた。

「大変でしょう？　ここまで上がるの。皆、歩くの大変だから車で来るの。一応ね、人は少なくなったんだけど……もう12戸しかないんですけどね、それでも春祭り、夏祭り、秋祭り、節分祭をやっています。昔は舞を舞ってましたよ。7年に一度とね、25年に一度」

文献にある通りの説明をしてくれた。すでに知っていることではあるが、さも知らないように驚いた様子で返事をする。下拝殿の屋根内側の下部に、祭りの記録として、奉納者の名が書かれた木札がびっしりと貼られているが、そこを案内してくれた。ここは、ひとりで来た時に何度も見た札ではある。だが神主妻の解説が入ると理解度が格段に上がった。

「最後は……ここに書いてあるんでどうぞおあがりください。平成12年の10月29日にやってますね。舞を踊ったんですけど、女性、私も入って。本当は男性。人間の数が少なくなったからもう女性もこの年には入っていいとして。でも、この中に書かれた人たちも、もう半分くらい亡くなってます。本当は平成27年にやる予定だったんですけど……ちょっと事件がありまして。それで……」

おそらくこの説明は二十五年祭のことだろう。村人たちは昭和に消滅したと記憶している者が多かったが、平成までやっていたというのである。だが、平成12年の25年後は、2025年なので少し計算が合わない。記録に間違いがあるのかもしれない。事件というのはワタルの事件のことだろう。

今日の春祭りは、田植えで秋の豊作を祈るものらしい。そして秋祭りは、無事の収穫を喜び、神にお礼をするものだという。そういう説明のなかに、何度目かの「祭りに興味があるの？」という詮索が入るが、私も〝設定〟を変えることなく相槌をうち、神社の歴史を聞いた。

「もともと、うちのお宮はもっと山の中にあったの。ここじゃなくて、もっといちばん上。登るの大変だったんですよ。三回目でここにおりたんです。いまでも一番最初のお宮の跡がありますよ。ここからも、行けないことはないけど、かなり、きついです。遠いから。そこには小さな馬みたいなものが置いてあります。もう何もないけど、石の舞台があって。桜を置いてます。

　このお宮は奈良県の吉野から。金峯神社から来たんですよ。修行していた人が来たちゅうかね、先祖が吉野から、ここに来て。宮司は吉野じゃないけど、吉野から来られた人もおりますよ。先祖がね……」

　説明を聞いているうちに、お祓いが終了し、座っていた村人たちが立ち上がって、動き出した。参加者たちは、缶ビールと栗饅頭を手にしている。先ほどの神主妻もばたばたと奥へ動き出したかと思えば「どうぞ！」と、笑顔を向けながら私にもそれを持って来てくれた。躊躇《ちゅうちょ》しながらも、それを手にとり、お礼を言う。

　役員の面々は、少し離れた集落から来た人たちが多いのだろう、金峰地区を歩いていても見かけたことのない人ばかりだった。そのうちのひとりに「どうぞお上がりください！」と、拝殿の中に促された。こんな機会はもう二度とない。礼を述べ、貴重な機会を得た喜びを全面に出しながら「わぁ〜！」などと声を上げつつ、おずおずと中に入る。

右手には神輿がふたつ並ぶ。かつて、秋祭りの時、村人たちは、この神輿を担いで、下の集落を回り、参道を登ってきたのだそうだ。担ぎ手はとても体力が必要で、若い男性が担いでいたと、村人は教えてくれた。中学を卒業して都会に出たワタルも、子供のときは担ぎ手の一員となり、村を練り歩き、参道を登って来たのだろうか。神輿には、金峰神社の御神体である鏡もあしらわれていた。正面奥には小さな階段があり、その奥に、この御神体が祀られているという。

「きょうはお祓いが終わったら直会をいただいて終わりです。春祭りも昔はそりゃすごい人がおったんですよ。今はほとんど参る人おらんからね。役員しかおらんです。この柱も一度は替えとります。昔の場所から変わって建てたもんですが、そのときの柱がこっちには残っちょります」

年配の村人が解説してくれた。この祭りも昔は賑やかだったのだという。役員は3年ごとに交替だというが、人口が少ないため、数年ごとに役員が回ってくるそうだ。限界集落に住む高齢者は、かように忙しい。

しばらくすると、さきほどお祓いをしていた神主が、妻に伴われ外に出て来た。歩幅が狭く、柱につかまりながら歩く。病気を患い、リハビリをしているとは聞いていた。「前よりも良くなった」と何人かが小さな声で教えてくれた。妻の方が私のことを「東京からいらした方」だと紹介をしている。もう怪しまれているのは重々承知だ。会釈をして、話しかけた。

「ここまで歩いて上がって来られたんですか？」

何も知らないよそ者として、トンチンカンな質問をあえてぶつける。

笑いながら彼は答える。

「いや、車で」

そしてまた、妻と同じように、聞かれた。

「どうしてまたこんな山の中の神社に？」

設定を貫くという強い心で、先ほどと同じような自己紹介をすると、神社の歴史を教えてくれた。

「もともとのお宮は山の中にあるけど。ここは300年前にここにおろしたんです。もうお宮ができて1280年経ってますから、西暦750年かにね。そして350年前に山の中からお移りいただいたんです。その当時はね、須金の方から徳山近辺まで『金峰』だったんです。その頃の『金峰』は500戸ぐらいありましたからね、そりゃ建てられますよ」

だが今は人口も減少し、維持するのも大変なのではないか。そう聞くと、答える。

「もういまはね、昔は500戸くらいあったんですけどいまは12戸ですからね……」

このような話をしていると「皆が待ってますから」と妻の方が神主を促した。直会を待つ村人らがいるという。

お礼を述べ別れを告げ、私も参道を下ろうとしたところ、やはり、またも神主の妻が話しかけてきた。私の名刺が欲しいと言う。お祭りを無事に見られたので、自分の素性を少し明かしておこうと、名刺を渡し、ライターだと告げた。東京に戻ってから連絡を入れたとき、思い出してもらえるようにしておこうというそんな気持ちからだった。

「やっぱり！　ライターさんなのね。なんか書き物をしてる人じゃないのと言ってたのよ。あ〜ライターさんね。そうじゃないとね。10月最後の日曜に餅を撒くので、その頃またいらしてください。これから今日は直会いうんですよね。神様との食事」

もはや神主の妻にはバレているかもしれない。事件のことを尋ねるか迷ったが、直会直前に身分をすべて明かして一波乱起こすより、ここは大人しく帰って後からにした方がよさそうだ。挨拶をして、参道を下りた。

さきほどの神主は、先の大潮にある神社の神主がいなくなったため、そこも兼任しているという。金峰神社も、守っていく村人がどんどんと減っている。中にひっそりと置かれた二基の神輿が、若者により担がれることは、もうないのかもしれない。


立場を偽ったままであることに罪悪感を抱え東京に戻った私は、後日、神主の自宅に電話をかけた。7月の頭で梅雨真っ只中、すっきりしない天気が続く頃だった。

事件の取材をしていくなかで、神社の歴史を深く知りたくなった……正直に伝えると、怒って電話を切られてしまうかもしれない。そう思うとなかなか勇気が出ず、数ヵ月が経ってしまったのである。だが、電話に出た神主は意外にも、怒ることもなく、また電話を切ることもなく、フラットに応対してくれた。

「昨日は夏祭りだったんですよ」

週明けに電話をしたが、そういえば前日は6月の最終日曜日だった。

「虫送りみたいなもんやな。虫に逃げてくれ、ちゅう」

2年前の梅雨時の取材で、魔女の宅急便の屋根の男性と行き合ったとき、こう教えてもらっていた。

神社の歴史をもう少し詳しく聞きたいと頼むと、神主は、春祭りで教えてくれたことと同じ話をまたしてくれた。さらに「七年祭」について聞くと、

「よその神社ではこうした祭りはやっていません。どこかにあるんですが、箕作《みつくり》神社というところが、国指定の文化財なのですが、そこに、うちの踊りを教えたこともあります」

若干、ふんわりとした話をされた。「二十五年祭」についても尋ねると、こちらは少し詳しい。

「吉野の金峯神社からもってきた『吉野御能崩し』という神楽が奉納されます。一度、吉野の方でこれが途絶えましたが、うちの神社から教えに行って復活したといわれています。『御能崩し』はテンポがゆっくりな踊りで、祭りに参加する役の人々は『座』があり、座の家はその役を一子相伝で受け継いできました。踊りを踊る家もあれば、太鼓をやる家もあっ

たりね。長男だけが受け継ぎます。氏子が中心となって運営してきました。

もうやめてから随分経ちます。家が減って、ひとりふたりと、減ってきました。それに加えて、祭りを取り仕切っていた方が亡くなられてしまい、受け継いでいくことが難しくなってしまったんですね……」

こうした話を聞いているところで、電話の電波が急に途切れ始めた。コードレスフォンなのだろうか、なかなかこちらの声が届かない。何度か電話も切れてしまう。そうこうしているうちに、電波の不安定さに苛立ちを感じ始めたようで、案外早く、切り上げどきがきてしまった。

「秋祭りは、10月最後の日曜ですね。それ以外は、お祭りらしいお祭りはありません」

本殿にあった神輿は、傷みが激しいので使うことはもうないだろう、という。

地方の神社では、地元民や出身者らによる祭りの復活、保存の動きが時折ある。

金峰地区でもそうした動きがない限り「七年祭」や「二十五年祭」といった祭りは、このまま消えてゆく。それが限界集落の自然な姿なのかもしれない。

# 判決

「ひかりなり」と、光成に改名したワタル。自分の進む先は光り輝く道である、という確信からか、それとも、そうありたいという願いか。

2017年の10月以降、私は手紙を出していなかった。ワタルからは何通か届いていたが、いつも「警察がでっちあげた」という「真犯人の足跡」について、自らイラストにしたものが入っており、封を開けるたびにがっかりさせられた。また「岩国に住む女に連絡を取れ」など、全く意味のわからない「指令」などが書かれているばかりだったので、もはやどう彼と〝対話〟を重ねればよいか、分からなくなっていたのだ。

私がそんな態度だったためか、ワタルからの手紙もだんだん少なくなり、2018年の春を最後に途絶えていた。

彼の事件は長らく、最高裁に係属していたが、ようやく2019年、動きがあった。口頭弁論が6月に開かれることになったのだ。判決はそう遠くない時期に言い渡されるだろう。

上告が棄却されれば死刑が確定し、あるいは破棄され別の判決が言い渡されれば、かなりの確率で懲役刑が確定する。死刑が確定してしまえば、私のような第三者との文通や面会はほぼ不可能となり、懲役刑となった場合も、身柄は拘置所から刑務所に移されて、文通や面会は拘置所にいたときより格段にむずかしくなる。

私は、できれば刑が確定する前……比較的〝自由〟に第三者がコンタクトをとれるうちに……ワタルともう一度やり取りをしたいと考えた。

当時のように「字が小さくて見えない」と言われることを回避するため、Wordを立ち上げ、大きな文字で手紙の文面を作る。横書き一行で26文字しか書けない文字の大きさで手紙を書くのは久しぶりだ。また、妄想性障害であるというワタルが誤解しないよう、妄想の材料にならぬように、くどくどと長く書くことはやめ、短くまとめた。この類の気遣いも、久しぶりだ。

こうして数通、手紙を出したが返信はなかった。２０１７年に届いた彼からの最初の手紙には「ルポライター気分ではダメです　事件記者として来る様に」とあった。彼にとっての両者の違いがわからないが、連絡を断ってしまっていたことから、おそらくダメなほうの「ルポライター気分」だと判断されたのだろうか。それとも危惧した通り、さらなる妄想の世界に耽っているのか。

もういちど、ワタルからの手紙をじっくり読む。noteにアップした原稿を書いてからも、何通か届いていた。

２０１７年8月23日消印の手紙は、やはり直筆ではなくコピー。同じものを誰か別の者も所有している可能性がある。だが、その中には、私が直前に送った手紙に記した質問への返事も書かれていた。コピーである理由が謎だ。

「前略　靴の足跡について司法協会に裁判資料の複写を依頼してください（電話番号×××）河村、石村から出た足跡。」

「この事件　警察がでっち上げてます　私が事実を話しても信用されません。ならばすべて裁判資料で説明するしかありません。」

「私はチェリー、オリーブ、ポパイ、私のカレーの中に農薬を入れたのは河村ではないかと思った。チェリーは河村から１００メートルの場所にある柔らかい草を食べていた、その日食べないので私が取って見たらべったりと農薬が付いていた。報告書の中に石村は雑草を枯らすためと言い道ばたの雑草に農薬を散布していました。それとは別の目的で動物を殺すために農薬を撒いているともきいたことがあります。河村と石村は仲が悪かった、私はこの二人のどっちかだろうとは思っていたが石村になすりつけたとなれば河村二次男だと思います。7月26日オリーブが河村に殺されたのなら話が繋がる。」

相変わらず分からない。取材で聞いた話と、ワタルの妄想が混在している。

河村さんはたしかに農薬は撒いていたが、犬猫を殺していたと口にした村人はいなかった。また逮捕後に亡くなったオリーブも、ワタルの中では河村さんが殺したことになっている。

そして終盤に、なぜか下ネタ……。

「息子も39才の時、寝たきりになりました（あの日に帰りたい）」

男性不能とUターンはなんらかの関係があるのだろうか。


２０１７年9月25日消印の手紙。

「前略　面会に来る時に虫メガネを持ってきて下さい。もう一度貴方に分かりやすく靴の誤魔化しを教えます。

私は若い時から人の手を借らず煩わすことなく死のうと思っていました。ボケる前、山に入り穴を掘り薬を飲む、父の生まれた場所で、75才ぐらいまだボケることはないと思っています。今回は事件です。足を殴ったと思い、父の生まれた所に行こうとしたけどイバラの山で転んで電気が付いたり消えたりしていたのでもういけないと思い、丘の上にいき石垣の上から飛び込んで頭をぶっつけたということです。（小さな話しは抜いてます）」

「犯人は警察関係者　元か現か分からないがあまりにもでっち上げの人数が多い。」

「靴発見　間抜けな猿が　履き替えた」

２０１７年10月２日消印。

「前略　公判調書　検察
被告人が頭を叩いたという証拠はない。
被告人自身現在の供述もない。」

「捏造を　旨くしたのに　又したの　◎元に戻したらバレル
木の棒が　いつのまにやら　ミニバット　◎バットが増えて５本
かつを」

２０１７年10月29日消印。

「前略　本・切手ありがとう、犬の切手大好きです。」

「（虫メガネ）貴女にスクープ差上げます。
高橋さんのペンネーム↓雪↓屋　家　矢　アラレのミサイルスクープ　一発目
拘置所の　中心で　無実お叫ぶ　かつを川柳
モニターに　映し出された　でっちあげ
立っていた　検察側に　国選が

サインしろ　刑事の指が　震えてる
鑑識が　刑事の靴を　調べてた
アラレのミサイルスクープ二発目　お楽しみに！」

このあたりから、私は「アラレ」とワタルに呼ばれ始めている。何を書いてよいか分からず、もう返信ができなくなってしまっていた頃だ。

翌年2月13日消印、最後の手紙。

紙が二枚重なっており、一枚目の二箇所に丸がつけられ「ゆっくり破いて下さい」とある。

二枚目は足跡が自筆で書かれていた。

「ユキヤ、アラレ様に贈る、かつをの美くしき川柳
そっと出す　屁だか身だかも　分からない
まにあうよ　頭が出ても　すぐトイレ
着替中　カメラに見られ　玉隠す
入浴日　看守に見られ　玉隠す。
かつを」

また下ネタだ。

ワタルは終盤に下ネタを盛り込むことが多い。この手の川柳は他にもあった。

「老いてきて　屁が止められず　数数え」

川柳だけでなく、こんな過去も唐突に明かしてくれる。

「私もこんな顔ですが女性に不自由しなかった、不思議に思い女性に聴いてみたら皆様同じように強そうだからといいます、私も男なので悪い気はしません、でもそのあと必ずそれほどでもないのねといわれます、私は喧嘩しません、何がそれほどでもないのか聞くのが恐いのです。」

また、これまでの手紙のほとんどに、A、Bという、ある2名の名前が記されている。そのふたりにコンタクトを取るようしきりに書かれているが、それが何者かを聞いても、よく分からなかった。

「A・Bの携帯電話番号を流したのは警察です。素人は必ず本人に電話する。素人が嘘の手紙を書いて携帯番号手紙に書く分けがない二段構えの構造である。B昭和39年鹿野中学2年先生、クラスメートに聞けばわかる、Bの友人はダメロ裏合わせます。」

人柄が滲む箇所もあれば、ノーマルモードをうかがわせる箇所もある。俳句の内容から察するに、もともと陽気な人柄だったのだろう。事件の動機にかかわるように受け取れる記述もあるが、大部分は、意味不明だ。考えれば考えるほど困惑してきた。

少しでも手がかりを得たい。そんな気持ちから、私は精神科医の岩波明先生に取材を申し込み、昭和大学病院附属東病院を訪ねた。

どういう偶然なのか、ここはかつて私が20代の頃、うつ病を患い、しばらく通院していた病院である。当時と変わらぬ旗の台駅から車の往来の激しい中原街道に出て、五反田方面へ少しのぼると、懐かしい病院はそこにあった。当時は、具体的には何も活動できていないのに頭だけが異様に速く回転し、悪いことばかりを考え続けていた。病院に足を踏み入れ懐かしい匂いを嗅ぐと、一気にその時の感覚を思い出し、否応無しに気分が塞ぐ。岩波先生の診察室の場所が、当時の主治医と違っていたことだけは救いだった。気を取り直し挨拶する。

まず、発症のきっかけについて尋ねた。うわさがトリガーとなることはあるのか、気になっていたからだ。すると岩波先生から意外な言葉が飛び出した。

「これはもう精神病なので、きっかけがないほうが多いですね。自然発生的に出てくるような。もちろん個々の人を見ているとオーバーワークだったり、睡眠不足だったり、家庭の不和とか、マイナスの要因は確かにあるんです。ですが、これが決定打、というのはなくて、やはり複合的なんだろうと思いますね」

その症状が加速する要因があるという。もっとも大きいものが〝孤立〟だ。

「結局、周りに助けてくれる人がいるかどうかなんですよね。病院に連れて行ってもらうとか、そういう手段を持たない人が事件になったり、孤立化してゴミ屋敷に住んだり、引っ越しおばさんになったりね。助けてくれる人がいるとそこまでいかない段階で医療と結びつくことができます」

両親が亡くなった。経済的にも安定しているとはいえない。村人たちとは距離がある。そういった状況下で妄想性障害を発症したワタルは、もともとの性格が災いして、村人から助けられることもなく、ひとり症状を進行させていった。そうして貯金が底をつきかけたころ、凶行に手を染めた――。

そういうことなのだろうか。

まだ気になる。

この日は、それまでワタルから届いた手紙や、脈絡なく送られていた資料を持参していた。彼の来歴や、金峰に戻ってきた時期、それからの生活、そして現在の裁判の状況などを話したうえで、手紙や資料に目を通してもらう。

「ひとつの可能性としては……彼は40代前半ぐらいで田舎に戻ってきたんですよね。その後、定職にはついていない。たまに勤めてはいたが、主には貯金を取り崩して生活していた。

そうすると、戻ってきた時点ですでに何か発症していた可能性はあるわけです。我々の見方というのは……結局推定になりますが、社会生活がある程度送れていれば顕在的な発症の可能性は比較的に低いだろうとみます。

よく統合失調症で用いられる用語でそれを『屈曲点』というんですが、ある時点からガクッと社会生活レベルが下がるポイントがあるんですね。たとえば、有名高校、有名大学と順調に進学し、ちゃんと就職した人が、突然働けなくなり、以後ニートをしていたりとか。もうその時点で怪しいと思うわけです」

新しい見解である。

ワタルについては、起訴前鑑定と、起訴後の本鑑定と、二回の鑑定が実施されたことはすでに記した通りだ。ここで本鑑定を担当した医師の判断について、一審判決に少し触れられている。

「鑑定人によると、被告は両親が他界した2004年ごろから、近隣住民が自分のうわさや挑発行為、嫌がらせをしているという思い込みを持つようになった。こうした妄想を長く持ち続けており当時、妄想性障害だったと診断できる。『自分が正しい』と発想しやすい性格傾向と、周囲から孤立した環境が大きく関係し、妄想を持つようになった」

つまり、Uターンののち、両親が亡くなってから、ワタルの頭を妄想が支配し始めたという見立てだ。岩波先生はそれより前、関東で暮らしているときに「屈曲点」が訪れ、金峰に戻った……そんな可能性を指摘した。

「実際のところはわからないですが、被害妄想的な精神症状が出ていて、戻って来た。そうすると発症時期が40歳ぐらいまで戻る可能性があります。統合失調症としては遅いんですが、ただ40歳ぐらいの発症もけっこうあるので。一般的には20歳ぐらいまでですけど、でもそういう可能性は否定できないです。

そういう意味で本当にこの人が単なる妄想性障害なのか。我々が妄想性障害と診断する場合は、たしかに60代ぐらいまで……だいたい60代の人が多いんですが、そこまでちゃんと生活していて仕事もきちんとしていて、だけども被害妄想だけ出ました、という人の方がパターンなので、保見さんは『典型的』ではないんですよね」

ここまで聞いて、ワタルからの手紙を見てもらった。季節の挨拶や差し入れのお礼などのないまま、脈絡なく、自分が話したいことだけを、解説なしに始める……たとえば会話の流れが〝一から十まで〟あるとすれば、多くの人は一から語るが、ワタルはぜんぶすっ飛ばして九から始める、という印象の手紙だ。

しばらくこれを眺めた岩波先生は、明らかな苦笑いを浮かべた。

「まあなんていうか……自分なりの世界に入っちゃってますよね。

たとえば妄想性障害の人であれば、比較的社会性が保たれていることが……まあ常識というところですよね、割と普通の文面で来ますよね。だけどこれを見ると、唐突じゃないですか。相手に意味が伝わるかどうか全然考えていない。だからそれは本人なりの思考障害的な……思考内容が独特なものになっている。かなり崩れている感じはしますね。

これがひどくなるともっと支離滅裂になってくる可能性もありそうで、そういう意味ではこの文章の書き方は統合失調症の人に近いです」

発症は鑑定医が判断したよりもさらに早く、さらには妄想性障害から統合失調症へ移行している可能性もある、というのが岩波先生の見解だった。

もうひとつ、私にはやはり、まだ気になっていることがあった。それまでの判決では、ワタルが感じていた村人たちによるうわさは「思い込み」であり、実体のない妄想のひとつだとされていることだ。つまり「うわさ」自体が存在しないかのような判断なのである。だが当時、うわさが存在していたことは、分かっている。妄想そのものが架空なのか、それとも事象は存在し、そこで妄想が強化されたのか。

「基本的には妄想は架空です。たとえば上の階の騒音が、俺に対する嫌がらせだ、というような類のものですから。

ですが、音自体はあるんでしょうね。もうそれが全部いやがらせだと思う。たとえば、歩いていて誰かが咳払いをする。それを『俺に対して何か嫌がらせをしている』というようなものです。

ぼくがいま診ている60歳ぐらいの女性なんですが、見知らぬ人が家の前を歩いていると『私をスパイしている』と言う。

たしかに、誰かは歩いているんですよ。でもそれを『スパイ』だと思い込む。それがひどくなると『実は夫なんじゃないか』となる。『なんでご主人がそんなことをするの？』と僕が聞くと『それはちょっとわからないんですけど』と言うんです」

村の「うわさ」がワタルの妄想を強めたのではないか……私のそんな推測は、岩波先生の見解で強まった。しかし、そうなれば、あの集落で、いったいどうすれば事件は防げたのだろう。村人たちは、よもやワタルが妄想性障害だとは思いもせず、これまでの金峰がそうであったように、いつも通りに、うわさ話に興じていただけなのだ。

「普通はなるべく家族にしてもかかわらないようにしますよね、それで機嫌を取りながら日常生活が送れていればいい、ぐらいの対応に終始しちゃいますよね。病院に行ってないんであればね。ですが、そこで相手が厳しい対応をすれば当然本人は反撃して来ますよね。自分の敵になっちゃうわけだから。

もともとその妄想の対象が村人なんですよね。それで向こうが本当に攻撃してくれば、当然反撃するし、そういうのが本人にしっかり根付いちゃいますね。

結局、都会だったら逃げますよね、皆。引っ越したりね。

本当を言えば逃げるのが一番です。または村人たちが、もうしっかり入院させる手はずを整えて、保健所とか警察と協力して進められればば。でもこの人はある程度自立はしていたのでちょっと難しかったのかもしれません。保健所と警察を巻き込んで、常にウォッチをしておくという体制は取れたのかなという感じはしていますが……」

事件前に、ワタルの妄想を警察が把握する機会はあった。一審の公判、検察側の証拠で、ワタルが2011年の正月に地域住民との関係を周南署へ相談した内容が提出されている。「被告は応対した警察官に『悪口を言われていると思うと夜も寝られない。包丁を研いでいると、悪口を言われないように口を切り裂いてやろうという気になる。今さら（地域住民に）溶け込むことはできない。両親の墓をきれいにしたいから、この地から出ることもできない』と打ち明けた」

この相談からとくに変化や進展があるわけでもなく、日々は過ぎ、事件は起きた。相談に来た時点で医療へつなげることができていれば……とも思うが、警察としては当時そうしたように、ワタルが満足するまで話を聞くぐらいしかできなかっただろう。

ワタルに殺害された被害者らの遺体には頭蓋骨の骨折があり、なかには口に棒のようなものを突っ込まれた形跡もあった。聡子さんは、歯が折れていた。村で噂かれている自分のうわさを止めたい、黙らせてやろう、黙らせるしかない。そんな気持ちから起こした事件だったように、私には思える。

＊

2019年6月17日。最高裁判所でワタルに対する口頭弁論が開かれた。広島高裁で控訴が棄却されたのが、2016年9月。じつに、2年9カ月もの年月が経っていた。

それまで1週間ほどしっかりとした雨が続いていた梅雨真っ只中の東京だったが、前日の日曜日から打って変わって快晴に。じりじりと日が照り、蒸し暑さが続く午後2時、最高裁判所の最寄り、永田町駅に着いた。

最高裁判所の傍聴は必ず整理券が交付され、用意された傍聴席に対し、傍聴希望者が多ければ抽選となる。傍聴希望者が傍聴席の数を上回ることがなければ〝定員割れ〟で全員が傍聴できる。これまでの経験上、最高裁判所は地裁や高裁と違い、抽選になっても倍率は低く、むしろ抽選になることがやや少ないような感触を得ていた。そう心配することはないはずだが、今回は確実に傍聴したい。仮に抽選になった場合には、頭数が多い方が傍聴できる確率が上がる。なので、〝並び要員〟が必要だ。

口頭弁論の期日は、書籍化が決まった3月に把握していた。その時点で即、担当編集者の江坂さんに〝並び要員〟として参加してもらいたいとツイッターのDMで頼んだとき、彼はこんな返信を送ってきたのだった。

「並ぶのが得意なのは『レンタルなんもしない人』さんですけどね。あ、彼にも参加してもらうという手が（笑）」

レンタルなんもしない人さん……通称〝レンタルさん〟は、何もしない自分を貸し出すというサービスで目下、注目を集めている男性だ。当時、江坂さんはレンタルさんのデビュー作となる書籍の編集を手掛けていた。レンタルさんの名前は知っていたが、そのサービスの詳細を正確に把握していなかった私は、返信を読んですかさずレンタルさんのツイッターアカウントをチェックした。国分寺駅から目的地までの交通費だけで、〝なんもしない〟でいてくれるのだという。びっくりするほど〝並び要員〟に最適ではないか。

傍聴券の抽選に並び要員を派遣してくれる会社もあるにはあるが、そちらは一人数千円と有料の上、高額だ。テレビ局の多くは、注目裁判でこの「並び屋」に依頼をして、数十人単位で、並び要員を使っている。私は個人で並び屋を頼むことも検討していたので、少しでも費用が安くなるのは有難かった。

江坂さんのこの提案に私はすぐさま乗った。レンタルさんのツイッターアカウントに依頼のDMを送り、のちにオッケーの返答を得た。

当日は、永田町駅から最高裁に近い出口付近で、ふたりと待ち合わせていた。時間より早く来たレンタルさんに挨拶をして、あらかじめ小さな封筒に入れていた交通費を渡す。日陰で立ち話をしていると、江坂さんも到着した。

定員割れとなることを期待していたが、3人で歩いていると、最高裁南門向かいの交差点から、すでに傍聴希望者が30人ほど並んでいるのが見えた。この日の傍聴席は35席。おそらく希望者はその数を超えるだろう。一気に怖くなる。

締め切り時刻になると、やはり傍聴希望者は席数を超え、抽選が行われることに。

とはいえ、外れるのは9人だけだ。むしろ外れる方が難しいぐらいの抽選である。普段なら気にも留めない倍率ではあるものの、私はこのところ、傍聴券の抽選運が悪かった。千葉地裁で二回並んで二回とも外れていたし、5月の東京地裁でも外れていたのだ。余裕でいけるだろうという気持ちと、ひょっとしたらという気持ちが入り混じる。

メガネをかけて、ホワイトボードに貼り出された当選番号に目を凝らすと、悪い予感は的中し、この日も外れてしまった。ゲン担ぎとして、金峰取材の時に使っていたスニーカーを履いて来ていたが、なんの意味もなかった。これだから神様はイヤなのだ。だが私の次の番号は当選している。レンタルさんだ。江坂さんも当たっていた。

ふたりから当たり整理券を二枚もらい、レンタルさんは次の依頼先へ向かった。江坂さんも会社に戻るという。一枚は、同じく外れて帰ろうとしていた顔見知りの傍聴マニアに譲り、最高裁へ入った。

第一小法廷で15時から開かれた口頭弁論では、3名の国選の担当弁護人が順に立ち上がり、弁論要旨を陳述した。

「(事件当時) 妄想性障害に罹患していたことが、犯行に著しく影響を与えており、被告人は事件当時、心神耗弱の状態にあった。完全責任能力を肯定した一審判決、二審判決には事実誤認がある」

と、冒頭から宣言し、一審の際に行われたワタルに対する精神鑑定について、鑑定医を

「妄想性障害の病理性を正しく理解していない」と批判し続けた。

　この弁論の中で、2011年の後半、ワタルが歯医者に行き「歯を全部抜きたい」と言い、健康な歯を含む6本を抜いたというエピソードが飛び出し、私は驚いた。そうして妄想がエスカレートするなか「除草剤をまかれる」「農薬を食べ物に混ぜられる」「犬をロープで吊るして殺す」「車のドアを傷つけられる」「タイヤのネジを緩められる」など、実際にはなかったこれらの出来事を〝事実〟だと思い込み、ついには監視カメラで周囲を監視するようになったという。

　昼夜問わず、監視カメラを見つめ続ける日々の中、事件当日、モニターを見ていると〝スッと人が通った〟のを認めたことで、棒を持って家を飛び出し、事件を起こした……とワタルは証言しているようだ。

　そうなると、事件当時の被害妄想も、かなり深刻だったのではないか。

　最後に主任弁護人……関東で〝無罪請負人〟の異名を持つ有名弁護士が立ち上がり、現在のワタルの体調について言及した。

「保見さんは2013年から今も、重篤な精神障害を患っています。

　当時、集落の中で顔なじみの人から迫害や攻撃を受けているという妄想にかられ、裁判が始まっても、その妄想はとどまるところを知りません。

　差し入れられた証拠についても、そういう状況の中で、彼は証拠が捏造されていると妄想するようになり、凶器や遺留品、写真すらも捏造だと確信し……未だに確信しています。誰がなんと説明しても揺らぐことはない。これは思い込みではなく、まさに妄想以外の何物でもありません。ときに、妄想の対象は弁護人の活動にも及びます……彼は死刑判決の意味を理解できません……」

やはり危惧した通り、ワタルの妄想性障害は悪化しているというのだ。予想していたこととはいえショックが大きい。まさか弁護人たちは資料を全部差し入れて「鍵体験」を進行させてしまったのか？　そのうえ、精神疾患のない被告人による〝冤罪〟の主張と、妄想性障害が進行している被告人の〝冤罪〟の主張を同一に見てしまっていたのだろうか。メモを取りながら、腹が立ってくる。

妄想性障害が進行するのは被害者遺族にとっても、酷なことだ。家族を殺した本人が、現実ではなく妄想の世界に生きているからである。それは怒りをぶつける相手がいないことを意味する。

私はこれまで傍聴した刑事裁判で、被害者遺族が「本当のことを知りたい」と陳述する場面を幾度となく見てきた。家族を失った彼らがその心を癒す第一のステップが「加害者に真実を語ってもらい、家族の死を受け止めること」なのであろうと肌で感じている。

だが、今の弁護人たちのやり方では、最初のステップにも到達できないだろう。資料を全部差し入れるのは、投薬治療で症状が改善してから検討すべき事柄だったのではないか。

これでは遺族は怒りを被告人にぶつけることも、真実を聞くこともできないまま、裁判は終わり、いつしか事件は忘れ去られてしまう。

ワタルが事件当時、妄想性障害に罹患していたか否かは、この裁判の行く末を決める重要な事柄だ。刑法三十九条第一項には、次のように定められている。

「心神喪失者の行為は、罰しない」

加えて、同条第二項にはこうある。

「心神耗弱者の行為は、その刑を減軽する」

上告審口頭弁論で弁護人は、ワタルが事件当時、妄想性障害に罹患しており、正常な判断能力が著しく減退していた……つまり心神耗弱の状態にあったと主張していた。

これを裁判所が判断するための材料が精神鑑定書だ。責任能力の有無やその程度が争点となる可能性がある事件は、起訴前に鑑定を行い〝責任能力に問題なし〟と結論が下されれば起訴され、公判に付される。

また起訴後も鑑定が行われ、これが一審・裁判員裁判での証拠として提出される。「市民に身近な裁判員制度」であるため、分かりやすさが求められ、鑑定を行った医師はほぼ、公判に証人出廷することになり、あれこれと質問を受けることになる。

長年、刑事裁判を傍聴してきて、この刑法三十九条が抱えるふたつの大きな問題についてはいろいろと思うところがあった。ひとつは、何をもって心神喪失・心神耗弱とするかが明確には定められていないこと。そしてもうひとつは、等しく運用されていないように見受けられることだ。

前者については、それゆえに鑑定が行われ、鑑定を行った医師による判断や意見が重要となってくるのだが、同じ被疑者や被告に対する鑑定であっても、その結果は鑑定人により異なる場合がある。まさにワタルがそうであるように――。専門家でも意見の割れる〝責任能力〟についての判断を、彼らの意見を元に、精神医学を専門に学んできたわけではない裁判官や裁判員らが下さなければならない。

とくに後者については、より一層根深い問題だと感じられて仕方がない。責任能力の判断については、その事件がどれだけ大きく報じられたか……いわゆる〝有名事件〟であるか否か、ということと、被害者の人数が、判断に大きく作用しているのでは？　と思わされる判決が多々、見受けられるからだ。

振り返ってみれば、無期懲役や死刑といった判決が視野に入る「複数人を殺傷した有名事件」において、その多くが責任能力の有無や程度で争われたが、それが認められたことは、めったにない。先に記した加古川7人殺しにおいても、ワタルと同じように妄想性障害という判断のもと、責任能力の有無や程度が検討されたが、最終的には死刑が確定した。

あるいは2004年、茨城県土浦市の自宅において両親と姉の3人を惨殺して殺人罪に問われていた男は、一審・水戸地裁土浦支部において「事件当時に統合失調症の影響下にあった」と無罪が言い渡された（求刑・死刑）。これを受け、検察側が控訴。東京高裁の控訴審においては「心神耗弱の状態にあった」と一審が破棄され、無期懲役という重い判決が下されている。この事件では一審判決後に検察側が請求し、精神鑑定が実施された。「統合失調症の影響が否定できないとはいえ、犯行態様は残虐かつ凄惨」……高裁判決では無期懲役の理由としてそう述べられている。

2015年に埼玉県熊谷市で6人を殺害したペルー国籍のナカダ・ルデナ・バイロン・ジョナタン被告は、一審・さいたま地裁において、犯行当時に統合失調症に罹患していたことが認められながらも、善悪を判断し、それに則って行動する「完全責任能力を有していた」と求刑通りの死刑が言い渡され、現在控訴中だ。バイロン被告に対しては、起訴前、2名の医師がそれぞれ精神鑑定を行ったが、責任能力には問題がないと判断した鑑定をもとに地検がバイロン被告を起訴。その後に弁護側が請求した鑑定留置では、事件当時から統合失調症を患っていたという判断が下されていた。

さらに遡れば、2001年に大阪府池田市の附属小学校で8名の児童が殺害された「附属池田小事件」でも、逮捕された宅間守に対して起訴前と起訴後に2度の精神鑑定が行われたが、いずれにおいても「統合失調症ではなく、責任能力を減免するような精神障害はない」と判断され、死刑判決が下されている。宅間は事件を起こす前、統合失調症という診断も下されており、精神鑑定でもその可能性を指摘する医師がいたが、これを否定した格好だ。

　1999年に東京・池袋で2名が殺害され、6名が傷害を負った「池袋通り魔殺人事件」でも、造田博の弁護人は一審・東京地裁において、造田が事件当時に心神喪失もしくは心神耗弱の状態にあったと主張したが、これも一蹴され死刑判決が下された。彼も事件前に奇異な行動がみられた。裁判所や警視庁などに何通もの手紙を送りつけたかと思えば、わずか200ドルを手に渡米。事件の動機は無言電話が続いたことで「努力していない人のいたずら」だと思い込み「わし以外のボケナスのアホ殺したるけえのお」など書きつけ、池袋へと向かい、事件を起こしている。

　その一方、被害人数が少なく、さほど大きく報道されなかった、死刑または無期懲役求刑以外の事件においては、心神喪失や心神耗弱が認められ、無罪や減刑となるケースが散見されるのである。裁判所が公開している「裁判例情報」には、そうした判決文がいくつも掲載されている。

　直近では2019年4月に東京高裁で言い渡された一審破棄・無罪判決がある。2008年、東京・東村山市の都営アパートで73歳の女性が殺害された事件だ。女性は孫の面倒を見るために長男の自宅を訪ねた際、事件に遭った。長らく未解決だったが、女性の爪の付着物のDNA鑑定を行ったところ、この部屋の隣室に住んでいた女のものと一致し、事件から9年後、ようやく逮捕に至った。

破棄された一審・東京地裁立川支部の判決では、すでに心神耗弱が認められ、懲役8年6カ月の判決が下されていた。女はかつて覚せい剤を使用したことにより30代頃から覚せい剤精神病に罹患し、自分の頭の中に年配の男性がいるとの妄想や、同男性から自殺や殺人を命じられる幻聴が生じ、入退院を繰り返していた。そのため、覚せい剤使用による後遺症が、犯行時の精神状態に影響を及ぼしたという認定だ。

ところが控訴審では「心神耗弱」と認定した一審判決が破棄されたうえ、「心神喪失であったことの合理的疑いは残る」として、無罪が言い渡されたのである。自分の意思で使った覚せい剤で精神障害へと至った、被告人にまったく同情の余地のない事件……一般の感覚からみれば、こう思えるが、無罪もありえるのが現行の司法システムなのだ。

また2015年7月には千葉地裁で、殺人などの罪に問われていた自称発明家の64歳の男に対し無罪が言い渡された。これは前年、井戸掘り業経営の61歳男性宅に侵入した男が、室内を物色したのち、男性を刺殺したという事件である。責任能力が争点となったが、裁判長は「了解が不能な異常な殺害行為に及んでおり、心神喪失の状態だった」と、無罪（求刑懲役10年）を言い渡した。

それらの判決文を見比べてみると、途中まではかなりの部分が共通していることに気付く。つまり、加害者に犯行前から幻聴や妄想など〝不可解な言動〟があることだ。にもかかわらず、似たような面を持つように見えるこれらの犯行は、実際に犯罪が起きた後に、はっきりと別々の結末が用意されるのである。たとえば犯行後に、血のついた凶器を遺棄していたりといった、我々が見ても〝加害者として理解可能な被告人の言動〟を拾い上げ、完全責任能力が認められているケースと、それでも認めないケースとに分かれてしまう。

最後に例として挙げた千葉地裁の事件で、男は事件前に三度も下見に出向き、留守であると判断して侵入しているうえ、犯行後に凶器を土に埋めるなど、犯罪を犯すものとして合理的な行動を取っているが、かねてより思っていた統合失調症の影響で被害妄想があったことなどから「被告人が被害者方に侵入した動機についても、殺害の動機と同様に了解困難」として、犯行時の男が心神喪失であったことを認め、無罪としている。

私が問題として挙げたふたつの事柄は、はっきりとリンクしている。責任能力については「何をもって判断するか明確には定められていない」からこそ「社会的に大きく報じられた大量殺人を犯した被告人は、完全責任能力を認められてしまう傾向がある」のではないか。こうした運用は、事件発生当時の報道の過熱ぶりからうかがえる市民感情や、減刑した場合の社会的影響を意識した上でのことだろう。あえて不透明にしているのではないかとさえ思わされる。

この点について、明確な基準がなく、等しく運用がなされないのであれば、刑法三十九条は再検討すべきであろうと私自身は考えている。仮に自分が、こうした被告人に家族を奪われた遺族だとすれば、同じ目にあわせてやりたいほどに憎い犯人が、減刑されたり、または無罪放免となることには、相当抵抗を感じるはずだ。それなのに、別の事件では、同じような症状の被告人であっても、完全責任能力が認められている。こんな不公平なことがあるだろうか。

とはいえ、犯行当時、何らかの精神疾患の影響下にあり、善悪の判断能力が失われていた、または著しく減退していた心神喪失、心神耗弱状態にあった者が、そのほかのものたちと同じような刑罰を受けることには、これもまた抵抗を感じるのである。刑罰は制裁という意味合いと、じっくり自身の罪と向き合うという更生の意味合いを持つ。刑法三十九条に定められた〝心神喪失者〟または〝心神耗弱者〟と判断されたものたちが、果たして自身の犯した罪をどこまで理解し、受け止め、被害者の気持ちを思うことができるのだろうか。それを考えると、やはり、刑事裁判において被告人の責任能力が争点になった場合、それを検討することは不可欠であるとも思う。

鑑定人により結果に差が出る精神鑑定書をもとに、それぞれに報じられ方の異なった事件を扱うことで、責任能力の判断はブラックボックス化している。どの医師が鑑定するか、そしてどんな裁判官が、裁判員が判断するかで結果が全く異なってくる。こうしたバラつきは、やはり被害者にも被告人にも、良いこととは思えない。

ワタルは5人を殺害し、家に火を放ったという殺人と非現住建造物等放火の罪に問われた、死刑求刑事案の被告人だ。事件発生当時も、大きく報道された。先ほど述べた〝あいまいで不透明な基準〟に照らせば、彼に刑法三十九条を適用するわけにはいかない。これが裁判所の姿勢であろう。

上告審口頭弁論後に東京・霞が関の司法記者クラブにおいて行われた記者会見で、遺族は「残虐な事件なのに妄想があったと（死刑が回避）されるのは理不尽だ」とコメントしていた。遺族から見れば、殺害されること自体が理不尽で不条理なことなのだから、加害者がどのような状態であろうと、それ相応の罰が下されることこそが、正解であり、筋である。

妄想の世界に生きていた、そして今も生きているワタルが、そうした遺族の思いを理解できるのか。


無罪請負人らがワタルを「事件当時、妄想性障害に罹患していた」ことをもって、上告は破棄されるべきだと訴え、この日の弁論は終わった。

減刑するか否かを検討するのであれば、判決までは少なくとも半年以上、時間がかかるだろうと思っていた。

ところが、上告審弁論から4日しか経っていないのにもう判決期日が決まってしまったのである。

これは棄却コース、死刑確定だろう……。

勾留生活によりワタルの妄想性障害は悪化し、自分の犯した罪と向き合うこともままならず、遺族らは怒りをぶつける相手も、真実を聞く相手も不在なまま、死刑が確定するなど、最悪の展開というほかない。いや、死刑が確定することで、心に区切りがつく遺族もいるだろうが、真実を聞けないことに変わりはないのである。

しかし死刑が確定すれば、家族以外の第三者との文通や面会は、不可能となる。6月に4回、7月に入ってからも2回、手紙を書いたが、ワタルからはなんの反応もなかった。

7月11日。ふたたび最高裁の傍聴券抽選に並んだ。この日は江坂さんと、海外取材戻りの藤野さん、そして私の「チームつけび」。さらにもうひとり、仲の良い傍聴マニア仲間にも協力してもらい傍聴券争奪戦に臨む。もはや変なゲン担ぎなどやめた。この日は東京地裁で人気アイドルグループの元メンバーとその彼女による大麻使用事件の初公判が開かれていた。多数の傍聴希望者が並んだはずだ。外れた者たちが、せっかくだからと最高裁まで並んでしまったら……と心配していたのだが、35席の傍聴枠に対し、希望者は28人。定員割れだった。

職員らに誘導されて建物の中に入り、だだっ広い待合室で開廷を待つ。ソファに腰掛け、ふと前を見たら、東京地裁で顔なじみの傍聴マニアが他にも何人か来ていた。会釈はするが、とくに話をすることはない。マニア同士のこうした微妙な関係性を、一緒に座っていた江坂さんは、不思議そうに見ていた。15分ほど、何もない待合室で過ごしたのち、また大勢の職員に促され、傍聴人全員が第一小法廷に入る。傍聴席最前列と二列目の一部分に、遺族関係者ら12人があとから入ってきて、座った。

本来であれば、河村さんはここにいるはずだったろう。

そんなことを考えていると、法廷奥の自動ドアから5人の裁判官が入廷し、2分間の法廷内撮影が始まった。この時間を、広島拘置所のワタルはどう過ごしているのだろうか。

撮影を終えたカメラマンたちが機材を運び出したのち、言い渡しが始まった。

「本件は10年にわたり、近隣住民によりうわさや挑発、嫌がらせを受けているという妄想を募らせた被告人が復讐するため近隣の4軒、5名を殺害し、うち2軒に放火して全焼させたという殺人、非現住建造物等放火の事案である。

被告人に対して、各犯行において犯人であると認め、完全責任能力を肯定した一審の原判断は相当である。強固な殺意に基づいた執拗かつ残忍な犯行であり、結果は重大で遺族の処罰感情は厳しい。

被告人は自らの価値観に基づき実行しており、妄想が事件に及ぼした影響は大きくない。

主文、本件上告を棄却する」

ほぼ2分で判決言い渡しは終了した。あっけなく上告は棄却。ワタルの死刑が決まった。

判決で驚いたことは「妄想性障害」という疾患名が出てこなかったことだ。裁判長は「妄想」という単語を使っていた。いくつかの精神疾患で症状として発生する「妄想」のみに言及し、犯行当時、妄想性障害を発症したのか、またその影響で妄想があったかどうかについては触れなかったのである。何らかの理由でワタルに事件当時、妄想があったことは認め、かつそれは事件に影響を及ぼしていないという判断だった。

「近隣住民によりうわさや挑発、嫌がらせを受けているという妄想を募らせた」

と裁判長は述べたが、しかし、うわさがあったことは確かなのである。また妄想性障害の影響により、犯行前からワタルの頭の中にはさまざまな妄想があったことも確かだ。

しかもワタルの妄想の内容は、金峰地区に起こった出来事、そこで囁かれていたうわさ話と、全く無関係なものではなかった。妄想性障害を患ったワタルは、うわさが充満した空気のなかでさらに症状を悪化させていったにもかかわらず……。

判決の日の夕方に、霞が関の司法記者クラブで遺族と支援者、代理人弁護士による記者会見が開かれた。遺族は3名。うち2名は河村さんの娘だった。残りの1名の男性からは「誰の遺族かを明らかにしたくない」と申し出があり、名前も明かされることはなかった。

「安心しました。ようやく終わったなあという感じがしています。望んでいた通りでよかったと思っています」

「それ以上の言葉がないんですよね」

こう河村さんの娘さんたちが口々に語ったのち、男性遺族も、続けた。

「一区切りついた」

事件発生から6年になろうとするなかでの最高裁判決。これまでを振り返ってどうかという質問に、河村さんの娘さんは涙をこらえながら語る。

「山口の一審、広島の二審と、これまでが長かったので、最高裁の6月から今日、早かったなというのが印象です。残念なのが……父がこの場にいないことですかね」

もし、この場に河村二次男さんがいたら、どんなことを話しただろう。「女房が死んでから、なんもやる気がおきん」と常々こぼしていた彼も、少し前を向けるようになっていただろうか。

遺族らが口々に思いを語る中、代理人弁護士が判決を振り返った。

「一審二審はこういう言葉を使ったんです。『妄想性障害』。今回、『障害』を外して『妄想』と言っていた。ここには『お前の勝手な思い込みだろう』という厳しい非難が入っていた。『障害』をわざと外している」

有体にいえば、裁判所が完全責任能力を認めるためには、精神疾患を否定しなければならない。そのため、最高裁判決では妄想性障害についての言及がなかったのではなかろうか。

しかし、ワタルが事件前から妄想と現実の狭間にいたことは事実だ。「街宣車が家の前に来る」といった突飛な発言は妄想の影響だろうが、「うわさ」は確実にあった。

ワタルは勾留生活を続けるなかで、さらに妄想を深めている。事件は警察によるでっちあげであると思い込み、私との面会時にも必死にそれを訴えていた。妄想性障害が勾留中に快方に向かうことはなく、上告棄却直前も、そう思い込んでいた。

判決言い渡し前後の新聞や週刊誌が、判決直前のワタルに面会した様子を報じている。

「着席するなり、公判で犯人の証拠とされた靴や凶器の木の棒など持参した写真を次々と見せ、『俺の物ではない』とはきはきした口調で10分以上話し続けた」（山口新聞　2019年7月10日）

「この日は挨拶をかわす暇もなく、いきなり『時間がないんじゃ』と自身の事件の記録を取り出し『講義』をはじめた。

『犯人の靴とされているが、自分の持ち物とは色が違う』

『この靴、警察で見せられた時は、新品のような感じだった。だが、裁判所に出てきた靴の写真は泥だらけ。警察と検察に証拠をねつ造された』

捲し立てるようにこう話した」（週刊朝日オンライン　2019年7月11日配信）

私が面会した時と同じようなことを、他社の記者にも訴えている。「時間がない」としきりにワタルが言うのは、おそらく、自身の無実を証明するための時間がもう残り少ない、という焦りからであろう。死刑が確定し、タイムアップとなって以降もきっと、彼は妄想に耽り続けるのだ。むしろ、無自覚のうちに自らそうしたがっているのだと感じられて仕方がない。少しでも妄想性障害が快方に向かえば、ワタルは自分の犯した罪を受け止めなければならなくなる。殺害行為というおぞましい記憶を排除し、「足を叩いただけ」と心の奥底では、思い続けたいのではないだろうか。

刑事事件という枠の中では一区切りついたのはたしかだが、ワタルがこのような状態のままでは、本当の意味で事件が終わったとはいえないとも思う。記者会見では、自身も交通事故で家族を亡くした遺族であり、この事件の支援を続けている女性が、この本質的な問題に言及した。

「今日の判決も、被告人としての判決。遺族に対しての思いは彼にどこまで伝わっているのかなと思いますし、どこかの社が広島拘置所で被告人にインタビューしていましたが、全く反省の色もない。反省もせず死刑になっても何の意味もない。ちゃんと反省してご家族の思いを知ってから死刑になるのならわかるが、悔しいだけだなと思いますし、判決は聞けましたが、残された遺族にとっては今からがスタートです」

そう、ワタルはこのままでは事件を反省することはないのだ。本当によいのだろうか。そう思っていると、女性のコメントを受けて代理人が続けた。

「死刑が執行されなければ意味がない。刑罰は被告人の利益のためにあるわけでなく被害者のためにもある。

平成16年に犯罪被害者等基本法が成立されました。犯罪被害者の尊厳は尊重されなければならない。早く判決を出してほしい、出たらちゃんと執行してほしい。そこまでやらなければ被害者のためになるとは思わない。ですので、根拠のない再審請求はやめていただきたいと思っています」

犯罪被害者等基本法第三条には「すべて犯罪被害者等は、個人の尊厳が重んぜられ、その尊厳にふさわしい処遇を保障される権利を有する」とある。

ワタルがどういう状態であろうと、死刑が確定したのであれば執行されてこそ、被害者遺族のためになる。それは上告棄却で「一区切りついた」と語るとおり、たしかに彼らにとって意味のあることであり、前を向いていける出来事となるだろう。それも一理はある。

自分が遺族であれば、当然そう思う方もいるはずだ。

自分が遺族であれば、自分が被害者の立場なら……この〝仮定法〟は便利な一方、危ない言い方かもしれない。実際のところ、私は被害者でもなければ、遺族でもない。この考えのもとでは、ワタルに限らずすべての殺人犯が、死刑に処されなければならなくなる。

それでも、ワタルにはこれから投薬治療で正気を取り戻してもらい、自分の犯した罪を真正面から受け止め、死刑執行のその日まで、煩悶し続けてほしいと思うのだ。

# 単行本あとがき

本書は、2018年7月にウェブサービス「note」にアップした6本の記事「ルポ　つけびの村」を加筆修正し、追加取材のうえ、書き下ろしたものである。保見光成を除き、金峰地区の住民については存命者を仮名、亡くなった方を実名で表記している。

また「古老の巻」については、金峰地区で生活する複数人の古老の話を統合し、実際には存在しないひとりの人物の回想としてまとめたことも付記する。性別も年齢も異なる方々の話であるため、インタビューに応じてくれたうちの、ひとりの男性の口調に揃えたが、各人が語った回想の具体的なディテールには手を加えていない。改変したのは、各人の年齢と口癖、家族構成といった人物特定に直接つながる情報のみである。

本編にも記した通り、note版「ルポ　つけびの村」のベースになったのは、あるノンフィクションの賞に応募するため、2017年に取材・執筆を行った原稿だ。賞を逃したため、しばらくは日の目を見ることがなかった。

そのため翌年、これを6編の記事に分け、うち4本を有料（100円）でnoteにアップしたところ、半年後の今年3月に注目を集め、書籍化のはこびとなった。

お読みいただいたたくさんの方々が、SNSで感想をつぶやき、拡散してくれたおかげで、書籍化が決まったことは間違いない。「初めてウェブの有料記事に課金した」という声も多く、とても励まされた。この場を借り、note版「ルポ　つけびの村」をお読みいただいた皆様に、改めて御礼申し上げたい。本当にありがとうございました。


いま、普通の〝事件ノンフィクション〟には、一種の定型が出来上がってしまったように感じている。犯人の生い立ちにはじまり、事件を起こすに至った経緯、周辺人物や、被害者遺族、そして犯人への取材を経て、著者が自分なりに、犯人の置かれた状況や事件の動機を結論づける。そのうえで、事件が内包している社会問題を提示する。これが昨今のスタンダードだ。介護殺人や少年犯罪をテーマにした書籍など、世に出回っている事件ノンフィクションを数冊読んでもらえれば、だいたいがこのスタイルであることに気付くだろう。

いつの頃からか、出版業界は、このスタイルにはまっていない事件ノンフィクションの書籍化には難色を示すようになってしまった。ノンフィクションは新書と同様、読み手に何らかの〝学び〟や〝気づき〟を与えるものでなければならないというのである。

私も当初は、そのスタンダードなスタイルにはめ込むようにと取材を重ねていた。そんな中で、ワタル本人が事件について正直に語ることのできない状態にあることを知り――取材して記事を書き、それを売ることで生活している身としては――ひどくがっかりしたものの、同時にこれまでとは違う、もう一つの切り口に気が付いたのだった。まるで金峰地区を乱舞する大量の羽虫のように、この事件の周りには、うわさ話が常にまとわりついていた。

「つけびして　煙り喜ぶ　田舎者」。

始まりは、ワタルの家の窓の貼り紙からだった。事件当時、この不気味な川柳は犯人の犯行声明だと騒がれた。わずか12人が暮らす村で5人もの人々が殺害された事件は、一般のメディアだけでなく、ネットユーザーにも火をつけたのである。

そうこうするうちに「村八分」のうわさが〝祭り〟を呼んだ。不穏な犯行声明を残していたワタルは、村人たちにいじめられていたのだ……そういう報道が、テレビや週刊誌を中心に流れ、真実であると信じたネットユーザーらにより、SNSで次々と拡散されていった。

強い関心を持たずに事件の報道を耳にしていた「事件と無関係の者」たちは、いまも、そう信じていることだろう。これは「Uターンしてきた村人が、他の村人たちに村八分にされた挙句、恨みを抱いて犯行声明を掲げたのちに起こした事件」なのだと……。第一報が世間に与えるインパクトは強力で、そのイメージはなかなか払拭しづらいものだ。

もちろん私自身もそう信じていた。自分で取材に行くまでは。

だが実際に村人たちから話を聞くと、村八分の真偽が確認できないどころか「つけび」の貼り紙も犯行声明などではなく、村で起こった不穏な出来事に合わせて貼られたものだと知ったのだ。事件ノンフィクションの定石が打てないという焦りが確信に変わってゆくとともに、村のうわさを追いかけたいという気持ちが湧き起こった。そこから、村人たちにとってのうわさ、そして我々にとってのうわさとは、いったい何なのかを深く考えたくなったからだ。こうして、本書の裏の主人公が決まった。

いざ村に足を踏み入れてみれば、そこにはネットやテレビ、雑誌といったメディアに全く流れていないうわさが、ひっそりと流れ続けていた。

そんな村で生まれ育ち、関東に出て仕事をしていたワタルが40歳を過ぎた頃、戻ってくる。私が村を歩けば羽虫がいたるところから飛んできてまとわりついてくるように、このUターンが、また新たなうわさを生んだ。

ワタルの自宅向かいの家で開かれる「コープの寄り合い」はうわさの発信源だった。妄想性障害を患ったワタルは、そんな環境下で、村人たちから「いじめられ」ており「村八分」にされていると思い込むようになる。村人たちを敵視するようになったワタルの過激な言動が、さらにうわさを増幅させる……。

さて公判で認定されたように、本当にワタルは村人たちの言動とは全く無関係に「嫌がらせをされている」「悪口を言われている」と思い込むようになったのだろうか？

取材を重ねて得た結論は、ノーだ。

彼が戻って来る前から、村にはうわさが漂い続け、また彼が「嫌がらせ」を受けていると感じても致し方のないような出来事が起こっていた。両親を看取ったのちに、ひとり暮らしとなったワタルは、その空気の中で孤独を深めるとともに、妄想性障害を進行させた。

人が凶行に手を染めるきっかけのひとつに「経済的困窮」がある。所持金が底をつきかけてきたことが、ワタルの精神をさらに追い込んでいたことは間違いない。事件を起こした年、ワタルには家財道具を売却した金や、姉からの線香代などで5万9000円の収入しかなく、事件当時の貯金は1627円、所持金は4246円だけだった。約6000円で夏と秋を過ごし、年を越せるだろうか。とはいえ、妄想性障害を患わなければ、おそらく経済的困窮に陥ることはなかったはずであるから、やはり精神疾患が元凶であろう。

最高裁判決では上告が棄却され、ワタル……保見光成の死刑が確定した。ここから、面会や文通ができるのは限られた家族や支援者だけとなる。今後、彼の肉声を私が聞くことはできないし、彼に手紙を出そうと、届くことはないし、彼からの手紙も来ることはない。

自身に下された死刑という判決を、ワタルはいま、どう受け止めているのか。

そもそも、受け止めることができるのか。

警察によるでっちあげ捜査で死刑になったと、憤ってはいないか。

もうそれを私も、皆も知ることはできない。

うわさ話は我々にとって甘美な娯楽だ。

眉をひそめながら小声で話していても、その心は躍り、どこか興奮している。うわさ話を重ねながら、人は秘密を共有した気になり、結束を固め、ときに優越感に浸る。私たちと同じように、郷集落の村人たちもまたうわさ話に耽っていた。事件の前も「コープの寄り合い」がなくなったあとも、そしてこれからも。

私たちはどうか。

村から遠く離れた地で、この事件のことをあれこれと語り、SNSで吹聴し、またそれを信じてきた私たちのことだ。

「彼は村八分にされていた」

「不穏な犯行声明を掲げていた」

判決が確定し、事件が終結しても、折々に誰かがこんなふうに、うわさを流すことだろう。そして、また別の誰かがそれを信じ、新たなうわさを流すのだ。

実際、SNSではいまだに「村八分にされていたかわいそうな村人が復讐した」と思い込んでいるものたちによって、被害者や村人らを非難する、心ない言葉が全世界に発信され続けている。

メディアやSNSからこの事件のうわさを得る我々と、「コープの寄り合い」に集まり、うわさ話を仕入れていた村人たちに、はたして何の違いがあるだろうか。私自身、この取材にのめり込んだきっかけは、うわさだったのだから。

　それでも現場での取材を経て、ネットやメディアにはびこる村八分やいじめといったうわさ話には根拠がないことを知ってからは、渡りに船とばかりにうわさに乗るのではなく、しつこく対決するように努めた。とくに追加取材にあたっては「平成の八つ墓村」などと呼ばれてしまった金峰地区の歴史を紐解き、村人たちがこの地でどのように生きてきたのかということ、そして金峰地区が限界集落となるまでに、どんな歴史を経てきたのかを読者につまびらかにすべく心掛けたつもりだ。

　土地で実際に囁かれるうわさ話、そして小さな事件は、なにも金峰地区に限って存在するわけではない。どんな田舎にもあることだと、私と同じような地方出身者や、地方に住むものならば知っている。先祖を敬い、土地を愛し、誇りを持って暮らしてきた村人たちの歴史と、現在の姿を、本書で少しでも知ってもらえればと願う。


執筆にあたり、多くの方に助けていただきました。田村勝志さんをはじめとする金峰地区の皆さん。鹿野町の原田明さん。シラナガ動物病院の院長、白永伸行さん。精神科医の岩波明さん。傍聴マニア仲間の某氏。貴重なお話を聞かせてくださり、ありがとうございました。

　2017年の取材・執筆の際、何度も、厳しくもあたたかいアドバイスをくれた小学館の酒井裕玄さん、原稿を読み、たびたび意見をくれた新潮社の佐藤大介さん。

取材当時から、原稿の方向性に悩む私の相談に乗ってくれたばかりか、今回の書籍版「つけびの村」で編集を担当してくれた友人であり作家の藤野眞功さん。そしていち早く書籍化の話をくれた、晶文社の江坂祐輔さん。校正を担当してくださった長本奈津子さん、地図作成のデザイナー河村誠さん、改めて、御礼申し上げます。

最後に、事件に遭われた貞森誠さん、貞森喜代子さん、山本ミヤ子さん、石村文人さん、河村聡子さん、そして河村二次男さんのご冥福をお祈りいたします。

# 宇宙基地から左へ回る

## ［文庫版に寄せて］

目の前の蒸し器から、もくもくと湯気が出ている。

「ようやく会えたね！」

日焼けした顔で、湯気越しににっこりと笑ってそう語りかけてくれたのは、私宛に手紙を送ってくれた尾崎行雄さん。山口・徳山駅近くの和風飲食店。茶室のような小さな引き戸をくぐった個室で、私たちは初対面を果たした。2022年10月末、暖かい秋の夜だ。

こちらも同じ気持ちであることを伝え、店の予約を取ってくれたこと、徳山まで来てくれたことについてお礼を言ってから、お土産を渡した。金峰に行く時の定番土産にしていた、治一郎のバームクーヘンである。やはり、さほど高価ではないのに、大きさがあるのが豪華に見えていい。

「4年越しだっけ？」

4年は言い過ぎだが、それほど待ち侘びてくれていたのかと安心し、少し嬉しくなる。尾崎さんから手紙をもらったのは、正確には2年7ヵ月前だ。

2020年3月、出版社から転送してもらった手紙を恐る恐る開いたときの感情がよみがえる。『つけびの村』が読まれ始めてから、ずっと頭の片隅にあったことだ。いつか、いまでも金峰に暮らしている誰かが書籍を手に取るだろう。そして、間違いなく不快な気持ちを抱くだろう。

Wordで作成されたと思しき手紙には『つけびの村〜噂が5人を殺したのか？〜 VS金峰の里について』とタイトルにあった。『VS』に穏やかならぬものを感じはしたが、読み進めると、文面に怒りが滲んでいるわけでもない。

同封されていた三つ折りの紙を開くと、それは『防長の吉野づくり通信』。尾崎さんは、この会報を発行している『防長の吉野をつくる会』の事務局長を務めている。金峰地区出身で、現在は鹿野に住み、活動を続けている。

『防長の吉野をつくる会（以下・吉野の会）』は、1994年に発足した、周南市金峰地区を拠点とする地域づくりのグループだ。地元住民も多数会員となっていることから、会報を見れば、金峰のいまが分かる。吉野の会の存在と名称は、書籍化取材時に把握していたものの、会の規模や活動内容まではつかめず、取材依頼をしないままだった。

だがこうして、書籍刊行により、先方から手紙をいただいた。

驚いたのが正直なところだった。金峰に関わる方から、否定的ではない連絡をもらうことなど、ないと思っていたからだ。私が保見光成……ワタルによる事件についての取材を始めた頃、インターネット上に蔓延《はびこ》っていたのは〝村八分にされていた男が村人に復讐した〟といったような根も葉もない情報だった。それが事実ではなかったこと、村のうわさ話がどう事件に作用したかを書籍にまとめたが、早く事件を忘れたい、世間に事件を忘れてほしい、と思っている地元の人にとっては、出版は嫌な出来事だっただろうという自覚はあった。

書籍で私は村八分説を否定したものの、いまもYouTubeには「村の嫌われ者が復讐」「限界集落の闇」など派手なタイトルが付けられた動画がアップされており〝村八分の男による復讐〟説は消えることがない。いまや書籍よりも、インターネット上のコンテンツのほうが遥かに大きな影響力を持つ時代だ。人は自分の信じたいものしか信じようとしないのだと、無力感におそわれた。さらに「現場に行ってみた」系の動画も存在しており、やはり金峰は『平成の八つ墓村』としてネタ扱いされている節があった。

そんな金峰で活動する尾崎さんが、どんな思いで手紙を送ってくれたのか。封筒の裏に書かれたメールアドレス宛にお礼のメールを送信し、尾崎さんとの交流が始まった。といってもこのときは、また金峰に行こうなどとは考えていなかった。やりとりを始めた時期と重なるように、新型コロナウイルスの感染状況が深刻化していったため、お互いの健康を気遣う便りを送り合いながら、金峰の様子を尋ねていた程度だった。

人口の少ない、しかも高齢者ばかりの山間部集落に、東京から出向いてしまえば、私が感染させてしまうリスクがある。別の取材で2020年秋に山口県柳井市を訪れた際、タクシーで新規感染者の話を振ってみたところ「どこに住んでいる人かも、うわさになって知っている」と運転手が話していた。ますます金峰は遠のいた。

ところが人口が少ないことが逆に平和をもたらしていたようで、尾﨑さんは金峰で精力的な活動を続けていた。2021年には、旅するチョウといわれるアサギマダラが金峰に飛来し、地元のテレビ局がそれを報じたニュース動画も送ってくれた。

尾﨑さんは金峰にフジバカマを植える活動も行っている。アサギマダラは秋頃、フジバカマの蜜に集まってくるのだ。うまく花を咲かせたことから、21年には多数のアサギマダラが集まり、その時期に『金峰を歩こう』というイベントが企画された。尾﨑さんをはじめとした地域の人々の努力と、それによって変わる金峰の様子を目の当たりにしながら、ますます私はお呼びでないと感じていた……のだが、尾﨑さんは突然、私を金峰に誘ってきたのだ。「ぜひ、10月の3連休を目標に、金峰に来てください。そして『金峰を歩こう』に参加してください」

それが22年春のこと。そこからさらに半年を経て、新型コロナウイルスによる行動制限も緩んできた10月、私は金峰行きを決めた。今回は、藤野さんも一緒だ。そしてようやく、尾﨑さんとも湯気越しの初対面となったのだった。

それから、焼酎ロックをいったい何杯おかわりしただろうか。尾﨑さんが、2013年7

月の事件発生の日の話を聞かせてくれた。9年前のその日、晩酌をしているときに火災発生の連絡を受け、奥さんの運転する車で、現地に駆けつけたという。

「自分、消防団入っちょったから、消火活動に入ったんよ。ものすごい燃えよるから、早く消そうやあ言うて、貞森さんの家を消火したんじゃけども、2時間くらい水をかけっぱなしじゃった。ものすごい燃えるんじゃけん。山に面しているから、神社の方まで燃えよるから、とりあえずそこを先に消そうやゆうて、消して。でね、あそこの家は、下が空洞になっちょるんよ。だから、ものすごい燃える。

で、4人でポンプを川の方に引きよるときに、山本さんの家がまた燃えよるじゃろう。こんな離れちょるのになんで、って思った」

不思議に思いはしたものの、事件ではなくただの火事だと思っていたため、必死に消火しながら「あそこの地区で燃えよるんやから、ワタル、お前手伝えや。わしも手伝いよるんやから」と、山本さん宅の隣に住んでいたワタルのことが頭をかすめたという。

ようやく火を消し止めると、今度は警察から遺体の捜索を頼まれたそうだ。

「捜し始めたんじゃけど、そんなに簡単には見つからん。いろんなもん剝がしながら捜した。貞森さんが家の中で生活してるところちゅうのは分かってたからね。おるんじゃったらこのへんじゃろうと捜しよったら、これ人間だあと、ひとり見つけて」

貞森さん宅で最初に発見された遺体は、上半身が焼け、大腸らしきものが見えたため、かろうじて人間だと分かったという。「もうひとりおるはずよ、っち言うから、冷蔵庫片付けたりしながら捜した」ところ、同じような状態の遺体をふたたび見つけた。

貞森さん夫妻はともに火事で亡くなった、と消火活動にあたった住民らは、皆そう思っていた。事件だと尾崎さんが初めて知ったのは、地元テレビ局からの連絡を受けたことによる。すぐさま多数のマスコミが現地入りし、金峰の郷集落はごった返した。取材を受けた尾崎さんは、亡くなった村人たちがそれまで地域にどう貢献したか、必死に伝えたという。

「あのときはほんと、貞森の奥さんとか、山本の奥さんとか、石村さんとか。河村さんとか、皆、吉野の会の会員で。よくやってくれてたんですよ。それを一生懸命アピールしたんじゃけど、まあ……どうにもならんじゃったね。翌日じゃからね。大変なことが起こってしまったなあと思って」

吉野の会を立ち上げた初代会長は、ワタルと同じUターン組だった。それでも地域に溶け込み、住民らに働きかけ、会員1700名もの大きな会に育てたという。一方のワタルは、自宅にバーカウンターやカラオケを備え、地域の人を呼び込もうとしたが、ままならず、妄想性障害を発症し、近隣住民への筋違いの恨みを増幅させていった。

そんなワタルが溺愛していた犬のポパイは、まだ生きている（2022年10月当時）。

尾崎さんに会う少し前、私は久しぶりにシラナガ動物病院を訪ねた。

大柄な院長は変わらず元気そうだ。そして屋上の「サニーハウス」から1階の診察室までやってきたポパイも、変わらず極度の人見知りだった。院長にも他の男性スタッフにも相変わらず懐いていない。ここに住んで9年にもなるとは思えない。すぐに踵を返し、上に戻ろうとするそぶりを見せる。人見知りはまったく変わっていないが、ビジュアルは変貌していた。少し痩せて毛並みも若干悪くなっており、いかにも老犬といった風情である。院長が抱きかかえると、あからさまに怯えた顔をした。私も抱かせてもらったが、緊張したのか震えているのが伝わってきて、いたたまれなくなった。

書籍の刊行は、院長にもいくらかの影響を与えていた。「事件を起こした人の犬を預かっているんですか」と、ポパイの保護について否定的なニュアンスを帯びた問い合わせがあったというのだ。〝大きな事件を起こした人間の飼っていた犬〟を預かっていることが、ワタルを肯定していると誤解されたのか。

それでも院長は、変わらず人見知りのポパイの面倒を見続けている。

「飼い主が迎えにくるまで、生きてってほしいと思うんですけどね。ここの屋上を走り回るよりも、金峰のほうがずっと広いですし」

確定死刑囚となったワタルが、ポパイを迎えにくる日はもう来ない。院長もそれは分かっている。おそらく気持ちの問題だ。死ぬまで面倒を見る、ということではなく、迎えにくるまで面倒を見ている、というスタンスでポパイと向き合っている。私がポパイに会えるのもこれが最後だろう。

翌日朝、徳山からレンタカーで金峰を目指す。昨日と同じく、いい天気。ダウンベストを持ってきていたが、使う必要がなさそうだ。

尾崎さんは私が金峰を再訪するにあたり、綿密なプランを提案してくれていた。残念ながら3連休に開催された『金峰を歩こう』に参加することはできなかったため、この日はまず郷集落入り口の金峰神社前に集合し、尾崎さんの案内により、藤野さんと3人で金峰をハイキングすることになっていた。

以前と同じように、菅野湖沿いの県道41号を北上する。太陽に照らされて時々キラッと輝く深緑色の水面を見ながら、だんだんと緊張してきた。

尾崎さんはどうして私を金峰に呼びたかったのか。

それまで何度も考えたことを、また考える。ここまでの手間をかけてくれるということは、おそらく悪感情は持たれていないだろう。それは分かる。しかし、だからといって、のこのこと金峰をハイキングしていいのか？　堂々巡りだ。結局、尾崎さんが声をかけてくれた、というひとつの事実だけを拠り所として、考えることをやめた。今日はしっかりといまの金峰を見ようと決める。

県道を走る車は菅野湖を抜けた。となると、次に見えてくるのはひとつ。銀色のＵＦＯだらけの「宇宙ステーション」だ。最初に取材に来た時、なんだこれはと驚き、若干恐怖したが、金峰をたびたび訪れるうちに、私の中で重要スポットへと変化していった。金峰へ向かう際にＵＦＯ群が見えたら、そろそろだ、と気合を入れる。戻る時には、今日の取材も終わったと、少し気を緩める。

今回はもう、何も考えずにこの「宇宙ステーション」を楽しんでみようと、車を一旦止めて、降りてみた。初めてここに来た２０１７年には、古い油のような、これまで嗅いだことのない不思議な臭いがたちこめていたが、いまはそんな臭いは消えていた。ワタルと同い年の駅長の男性による新作……ではなく、宇宙からの漂着物が増えており、またそれぞれが小綺麗になった印象を受ける。

私が最後に金峰の取材に訪れた直後である２０１９年秋、ここはなんとテレビに取り上げられたのだ。元Ｊリーガーやテレビ局のリポーターがやって来て、手作りのＵＦＯやゾウなどを紹介したという。さらになぜか、ウェブ媒体でも取り上げられることが続いた。「山奥に突如として現れる謎のＵＦＯ」……というテイストの記事だ。そのうえ、日曜夜の有名番組『ポツンと一軒家』でも22年2月に紹介されるという「宇宙ステーション」フィーバーが続いていた。

地元の変わり者、から、全国ネットのテレビでも紹介された人気者、へと変貌を遂げたせいか、駅長の人当たりの良さも爆上がりしていた。

ありがとう

私たち2人に気づくと、それぞれの作品……いや漂着物の遊び方や見所を元気いっぱいに説明してくれる。うっかりしばらく楽しい時間を過ごしてしまった。もはや金峰は〝事件の村〟ではなく、〝おもしろいUFOがある村〟として生まれ変わりつつあるのではないか、などと思いながら車に戻り、再び金峰神社を目指した。

そして、郷集落に着いた。車を降りると「宇宙ステーション」とは打って変わって、山の木々のざわめきが絶えず響く。神社の前にある、ワタルの家も、そのままそこにあった。金峰神社のふもとの向かいにあるためか、いつ来ても山に陽が遮られ、薄暗さが漂う。3年ぶりに見る彼の自宅は、家主不在のまま時が過ぎたことによって、それなりにくたびれている。玄関前には草が生い茂り、ガレージにかけられたブルーシートはすでにほぼ原型を留めておらず、代わりに黒いネットのようなカーテンがかけられていた。

おかげで中は丸見えだ。このまま放置していたのでは、そのうちに内部にまで潜入、撮影し、それをアップするユーチューバーも出てくるのではないか。カーテンから透けるガレージ内部は荒れ果てており、かつて玄関前にあった奇妙な女性の上半身のマネキンが横たわっていた。

「つけびして　煙り喜ぶ　田舎者」

かつて窓ガラスに貼られていた自筆の俳句は、初めて取材に来た時からすでに剝がされていたのだから、今も当然、ない。このまま年月を重ねれば、やがて家は朽ちるだろう。

ただ、ガレージにかけられた黒いカーテンは、徐々にくたびれゆく彼の家を定期的に訪れる誰かがいることを想像させる。

確定死刑囚となったワタルと現在交流ができるのは原則、家族だけだ。彼らが事件を忘れたいと強く願った末に一念発起して、この家をどうするか、いつか話し合われる日がくるのか。それとも妄想性障害となったワタルにはその手続きすら困難なのか……。もしくは、手続き前にワタルが亡くなるか。ひとつだけ分かるのは、この家はしばらく、このままここにあり続けるだろうということだけだ。

「宇宙基地から右に回ると犯行現場、左へ回ると『金峰の里』へ、ここには未来への夢や希望があります。また西に行かれることがありましたら今度は左へ回ってみませんか、少しだけ希望が見えます」

尾崎さんは手紙でもメールでも、こんなふうに私に伝えてくれていた。前日夜に会った時にも「あそこを左に曲がっておけばよかったのに」と口にすることしきり。いったい左には何があるのか。

今回の集合場所は、右に回った犯行現場の前だが、ルート的には左を回ることになっている。車を降りると、シャツにズボン姿の尾崎さんが小川に架かる橋を渡ってやってきた。やっぱり今日は上着はいらないほど暖かくなるようだ。県道9号線を西……左方向に折れ、私たちだけの『金峰を歩こう』がスタートした。

金峰山の麓にある金峰神社には、ワタルの家の前から延びる参道のほかに、実はもうひとつ別の道が通っている。今回はそちらから、まず神社を目指す。階段はなく、軽自動車が一台通れるほどの広さはあるが、それでも舗装はされていない。いつもの参道よりもいささか緩やかだが長い坂道を歩き、金峰神社に到着した。お参りをして、社殿脇から延びる山道を登る。まだまだ始まったばかりだ。

尾崎さんにしてみれば、今回のウォーキングよりもおそらく、普段の地域づくりの活動のほうが肉体的にもっと重労働だろう。しかし運動不足気味の私にはそれなりにハードな山歩きだった。すこし前に階段から落ちて背骨を痛めて以降、激しい運動からは遠ざかっていたことも理由だろうか。だんだんと息があがっていくが、尾崎さんは軽やかにしっかりと先頭を歩く。

「あの日は歩きよったら雨が降ってきてね、途中で中止したんよ。お弁当を食べてから解散した」

今年（22年）の『金峰を歩こう』は、アサギマダラの舞うフジバカマ畑を眺めるような天候ではなかったらしい。先述したように、21年の開催時はテレビ局も訪れた。尾崎さんから送ってもらったニュース動画には、金峰の山を飛び回るアサギマダラと、それを楽しむ人々の様子が収められていたが、今秋、アサギマダラはほとんど飛んでこなかったのだそうだ。

「今年は花が咲かんでねえ、全然来んのよ。そもそもアサギマダラの頭数自体が少なかったちゅう話もある」

残念そうに尾崎さんが言った。人の集まる山里にしたいという思いから、休耕田にフジバカマを植える活動を行なった張本人だ。残念でないわけがない。私ももちろん残念だが、アサギマダラがいなくても、フジバカマ畑と『金峰オープンガーデン』と名付けられた休憩所を訪れたい気持ちに変わりはなかった。そこに行けば、吉野の会の事務局長として、ふるさとを盛り上げたいという尾崎さんの思いがどれほどのものか感じられるだろうとぼんやり思った。

尾崎さんの案内のもと、私たちはお大師巡礼者接待と呼ばれる、金峰神社に向かう人の休憩所のような場所を経由し、菅蔵の史跡石塔群へとたどり着いた。周南市の指定文化財であり、実物を見てみたいと思っていたが、それまでの取材の際には見つけることができなかったのだ。

こんな山奥にあったのか、という驚きもあったが、室町時代から南北朝時代のものであるとされる石像の歴史は古い。金峰地区を拓いた人の墓がこうして今も残っていることに、何より驚かされる。

鳥の声や木々のそよぐ音を聞きながら私たちの『金峰を歩こう』はまだまだ続いた。いつの間にか山道はアスファルトに変わっていた。段々畑や田んぼ、時折民家、吉野の会が植えた山桜などを眺めながら、のんびり歩く。

ふいに『金峰の里』と書かれた看板が現れた。ここがアサギマダラの飛来するオープンガーデンだ。フジバカマの他にも、紫陽花など季節の花々が一面に植えられている。ところどころに手製の木製ベンチがあり、またオープンガーデンを一望できる場所にもオープンデッキが造られていた。これも尾崎さんをはじめとした吉野の会の皆さんによるものだという。

「春から秋までは、ここでコーヒーも飲めるんよ」

尾崎さん自らが、朝の出勤前に自宅で淹《い》れたコーヒーをここに置いていくのだそうだ。なるほどたしかに、近場の人々にとっては、ピクニックに最適だ。アサギマダラは飛んでいなくても、尾崎さんの努力は十分伝わってくる。

それでも、どうやら周南市で金峰地区はアサギマダラの飛来地としてそこそこ有名になったようで、オープンガーデンで休憩していると車がやってきた。軽トラックではないので、地元の人ではなさそうだ。アサギマダラが見られる場所はここか、と尋ね、今年は飛んでこなかった、と尾崎さんが説明すると、またどこかに行ってしまった。

「今度、周南公立大学の学生さんたちに手伝ってもらって、フジバカマの植え替えをやる予定なんよ」

地域づくりに精を出し、思ったような成果が出なかったとき、そこからどう行動するか。おそらく、地元の人々は追い込まれたときの選択や振る舞いを観察しているのだろう。尾崎さんは、決して諦めないという選択をしていた。

宇宙基地から左へ回る。たしかに、そこでは尾崎さんをはじめとした住民たちの地域おこしの成果が見えた。そして実際のところは、私が知らないだけで、たとえ右に曲がったとしても諦めない人の暮らしている場所はあるに違いない。

さて翌日は日曜日。早めに東京に戻ろうかどうするか、というところだが、尾崎さんは金峰に誘ってくれた時点から、私にこんな提案をしてくれていた。

「日曜日は、金峰神社の秋祭りを見学しませんか」

なぜか、物事は往々にして、それを諦めた時にチャンスが巡ってくる。以前、ワタルの起こした事件の取材をしていた頃、10月最後の日曜に開催される秋祭りの存在を知った。金峰地区における年中行事の中で一番賑やかなものが、秋祭りだとも聞いていた。過疎化で人口が減少し、さらに事件によって5人の命が奪われ、ひとりの犯人がいなくなった。いずれ消えゆくであろう過疎地域の一番賑やかな祭りに、過去の賑わいの片鱗を見ることができるのではないかと当時私は考え、どうしても秋祭りに行ってみたいと思ってはいたが、刊行スケジュールから諦めざるを得ず、未見のままだった。以降、金峰を訪れることもなく、秋祭りの時期に、今年も開催されたのか……などと、遠い東京からふと思うだけに成り果てていた。

なによりも私がまた金峰神社の祭りを見学することなど許されるはずもない。

そんなふうに思っていたので、尾崎さんからの提案は意外すぎて驚いた。真意が分からないと感じたのは、そのせいだ。

尾崎さんには、秋祭りに関してだけははっきりしない返答をしないまま、徳山に来ていた。いよいよ翌日に迫り、決断しなければならない。歓迎されていないのではと尾崎さんに何度か確認すると「多分ね」と、こともなげに返してくるばかり。尾崎さんから私が金峰に来ると聞いて、眉をひそめる村人もいたという。それでも尾崎さんは、私が秋祭りを見学することが重要だと考えているようだ。

「見届けるのもあるし、その過程だけで終わっちゃいけんと思うんよね。『続』をね、やってほしいなと」

徳山の宴席でも、藤野さんがトイレに立ったタイミングでそう言われたが、金峰の今後を見届け、それを伝える資格が私にあるのか分からず、悩んでいた。

東京にいるときだけでなく、金峰に来てからも、藤野さんは祭りへの参加には否定的だった。それも分かる。今更行っても、迷惑なだけだ。でも……と、私はキッパリと〝行くのはやめる〟とは決断できなかった。そのうちに、だんだんテンションが上がってきた。せっかくここまで来て、明日に控えた祭りを、明日も周南市にいるのに、見ない選択はあり得ないのではないか。それを記事にしようがしまいが、私は見てみたい。申し訳ないが藤野さんにも同行してもらい、翌日午前の祭りを見学すると決めて、尾崎さんにも伝えた。

腹を決めたが心は重い。昨日と同じく晴れた空が冗談のようだ。

＊

いや、祭り日和ではある。日曜朝、郷地区にある『杣の里交流館』に一番乗りした。少し経って尾﨑さんが到着。しばらくすると尾﨑さんと交流のある、県内の放送局の記者さんらも車でやってきた。事件からもうすぐ10年という節目の年を迎えるにあたり、この放送局では、秋祭りの様子を取材し撮影するのだそうだ。テレビクルーに紛れられてよかった、と、また狡いことを思ってしまった。

しばしのアイドリングタイムに、記者さんと雑談をする。事件発生当時にも、取材に訪れたのだと聞いた。当時の慌ただしさはどのようなものだったか。あのとき、私は東京で、まだ乳児だった息子の子育てと仕事の両立に四苦八苦しながら、事件を報じる昼のワイドショーに釘付けになっていた。リポーターの後ろに時折、規制線や、大挙している警察、走り回るマスコミ関係者らが映り込み、そこから慌ただしさを想像していた。私は静かな郷集落しか知らない。郷集落の記憶といえば、河村二次男さんでもある。記者さんらは、ここに来ることで、私とは全く別の記憶を呼び起こしているのだろう。

準備が整い、ワタルの家の前の、いつも通っていた参道を登る。急な坂で、すぐに息が上がる。完全に運動不足だ。途中で、道を外れる。祭りが始まる前にどうしても、参道脇にある保見家の墓をまた見ておきたい。新旧さまざまなお墓が並ぶ一帯奥、少し下がったところに、保見家の墓はある。バリケードが今も残っているので、見つけやすいのだが、その奥に見える光景に目を疑った。これまで立てられていた竿石が、真横に倒されているのだ。

保見家之墓

荒らされたのか？　息をのんで早足で近寄る。そう思ったのは、以前取材に訪れた際も、保見家の墓の周りには、飲み食いした跡と思しきゴミが散乱していたからだ。肝試し的な意味合いか、もしくはSNSにアップするためか、誰かが来て、悪戯したのだろうかと悪い想像もした。ところが他の墓を見ると、いくつか同様の状態になっている家がある。ゴミはこの日も相変わらず散らかってはいたが、竿石が横になっているのは、荒らされたわけではなさそうだ。

スマホで検索しようにも、電波が弱くなかなか検索結果が出てこない。携帯キャリアを換えてから、金峰地区でスマホが圏外になることが増えて困る。

尾崎さんに尋ねると、おそらく墓じまいだろう、と教えてくれた。保見家にはまだ姉がいるが、彼女らの誰かが、墓じまいを考えたのだろうか。保見家の事情は、金峰の人々に聞いても、誰ひとり知らなかった。

竿石の動揺もおさまった頃、いよいよ秋祭りが始まった。

「昔、秋祭りは、ものすごい賑わってた。出店が出よったもん。僕らが小学生の頃は、30日と決められとったから、午前中授業であとは休みになる。その日は小遣いもらって祭りに行って、飴玉買ったりね。神輿も出てたけど今は出ない。見せるだけ」

実際の令和の秋祭りは、尾崎さんが話していたような賑わいからは程遠いのだが、むしろそれによって荘厳な雰囲気を感じさせるから不思議だ。氏子が並ぶ中、神主が登場し、祝詞《のりと》を唱える。その間、私たちをはじめとした見物人は、境内からその様子を眺める。基本的にここまでは、3年前に見学した春の祭りと内容はほとんど変わらなかったが、大きな進化があった。神主の後継者として、娘さんが神事に加わるようになっていたのだ。脳梗塞で麻痺の残っている神主の脇にそっと座り、こまごまと手伝っている。

私が以前見た時よりも見物人は多い。消えゆく祭り……などとかつて書籍に記したが、地元の者たちによる存続の強い意志を感じさせられた。

「昔は神輿を担いでここまで上がりよった」と、ある見物人が教えてくれた。その神輿は神殿奥に二台とも鎮座している。これも以前見た春祭りと同じだ。さすがに神輿を担ぐほどの復活を遂げることは困難かもしれないが、毎年秋にはきっと、後継者となった娘さんを中心に、祭りは続いていくのだろう。

なんて、しんみりした気持ちになっていたところ、突然氏子たちが大きな袋を持ってきて、境内にいる見物客に、何か投げ始めた。

「餅まきじゃ！」

見物人が叫ぶ。こんなにあるのか？　というぐらい大量の餅を、氏子たちは、次々に放り投げていく。そこを目掛けて、皆が駆け寄る。いつの間にか幼い子供もいた。気付けば尾崎さんも加わり、投げられる餅を手際良く拾い集めていた。その所作には無駄がなく、熟練を感じる。

「ほら、ユキさんも拾って！」

尾崎さんの底抜けの明るさに助けられ、私もおずおずと餅まきに参加することになった。それまで、神主にご挨拶はさせてもらったものの、やはり大人しくしていたほうが良いだろうと、隅でひっそり、祭りの様子を見ていたのだが、尾崎さんはそんな私を境内の真ん中の方へと誘う。

こうして行きがかり上、餅をいくつか拾うことになってしまった。トートバッグにひとつひとつ、しまっていると、またもや尾崎さんは自分が拾った餅を次々と私のバッグに入れてくれる。なんだかもう、ここまでくると、だんだんとこちらも楽しくなってきて、最後には餅まきを純粋に楽しんでしまった。トートバッグはパンパンに膨らんでいた。言っておくが、独り占めしたわけではない。投げられる餅の数が凄まじく多いのだ。

「山口といえば餅まきじゃ」

とも尾崎さんは言っていた。どういうことか。

楽しみながらも気になったのは、以前、祭りの存在を教えてくれた、田村さんのことだった。90歳を超えた現在も存命であるという。金峰神社の氏子でもあるため、絶対に祭りで会うと思っていたが、今回は別の家族が参加していた。免許も返納したと聞いた。

東京に戻ってネット検索してみると、山口県は何かにつけて餅まきをする習わしがあるのだと書かれている新聞記事を見つけた。「山口では、餅は買うものではなく拾うもの」というコメントまである。あのときの尾崎さんの磨き上げられた熟練の所作に、あとから合点がいった。

それから尾崎さんとはFacebookで繋がった。彼は祭りの日も他の村人から「今年はアサギマダラは来んじゃったなあ」と言われていたが、やはり諦めることなく、周南公立大学の学生らによるフジバカマ植え替え作業を行なったという投稿がなされていた。私が神社に行った日の投稿には、こうあった。

「過去は変えられないが、未来は変えることができるので、より魅力ある金峰の里をつくっていきたい」

事件から今年で10年を迎える。

ある取材のとき「節目なんか、マスコミが言ってるだけでこちらには関係ないこと」と言われたことがある。全くその通り、人々の生活は続く。

取材を始めることで、その場との縁が生まれる。尻込みしていたが、ここまできたからには、これからも金峰のことを知り、そして綴っていこうかと考えている。UFOとアサギマダラで有名になりつつある金峰のこれからを。

# 資料一覧・註

## 引用資料

◆朝日新聞　2013年7月23日
◆四国新聞　2013年7月23日
◆NHKニュース　2013年7月22日
◆読売新聞　2003年4月19日
◆毎日新聞　2018年7月21日
◆山口新聞　2019年7月10日

◆週刊新潮　2016年10月20日号（新潮社）
◆週刊文春　2013年8月8日号（文藝春秋）
◆FRIDAY　2013年8月16日号（講談社）
◆週刊朝日オンライン（AERA dot.）2019年7月11日配信
◆宮本常一『忘れられた日本人』（岩波文庫）
◆向谷喜久江（著）・島利栄子（挿絵）『よばいのあったころ――証言・周防の性風俗』（マツノ書店）
◆近藤清石『山口縣風土誌（五）』（歴史図書館）
◆鹿野町誌編纂委員会『鹿野町誌』（鹿野町）
◆山口県文書館『防長風土注進案　第四巻　前山代宰判』（山口県立山口図書館）
◆岡山登喜正『須金村史』（松原印刷所／私家版）
◆金峰小学校創立百周年記念誌編纂委員会『金峰百年の歩み』（鹿野町立金峰小学校）

# 参考資料

◆朝日新聞　２０１３年７月22日、25日、12月28日、29日、２０１５年６月26日、７月２日、３日、７日、８日、29日、２０１７年４月21日、２０１９年４月22日
◆毎日新聞　２０１３年７月23日、25日、31日、９月22日、23日、24日、２０１５年７月10日、29日、２０１９年６月18日
◆読売新聞　２０１３年７月23日、26日、８月１日、２０１４年７月20日、２０１５年６月30日
◆産経新聞　２０１３年７月25日、２０１５年７月17日、２０１９年４月24日
◆日本経済新聞　２０１３年７月23日、24日、26日
◆山口新聞　２０１３年７月27日、29日、８月３日、２０１５年７月11日、26日、２０１９年６月14日
◆ＮＨＫニュース　２０１９年３月29日
◆女性セブン　２０１３年８月15日号（小学館）
◆赤松啓介『夜這いの民俗学・夜這いの性愛論』（ちくま学芸文庫）
◆安倍正道『防長百山（防長紀行第４巻）』（マツノ書店）

◆瀬田静香『学舎鎮魂』（山口県都濃郡鹿野町　鹿野町教育委員会）
◆瀬田静香『鹿野の民俗文化財』（鹿野町教育委員会）
◆高橋文雄『続・山口県地名考』（マツノ書店）
◆筑波昭『津山三十人殺し』（新潮文庫）
◆徳野貞雄・柏尾珠紀『T型集落点検とライフヒストリーでみえる――家族・集落・女性の底力』（農文協）
◆徳原敏正『周防金峰山――山名考・登山案内』（さくら印刷出版）
◆徳山市史編纂委員会『徳山市史』（徳山市）
◆中島篤巳『周防百山百景』（マツノ書店）
◆御薗生翁甫『防長神楽の研究』（未来社）
◆山口県神社誌編纂委員会『山口県神社誌』（山口県神社庁）
◆山口県地方史学会『防長地下上申』（マツノ書店）
◆山口県都濃郡役所『都濃郡誌』（山口響海館）
◆山口県文書館『防長寺社由来第一巻』
◆山下祐介『限界集落の真実』（ちくま新書）

# 註

◆註1　周南市の集計では2013年6月末時点の郷地区の世帯数と人口は8世帯14人だが、この数字は住民票を中心とした形式的なものである。事件当時、金峰地区で取材を行ったメディア関係者の証言および記事、筆者自身による金峰地区、郷集落での聞き取り取材では、当時の実質生活者は、14人ではなく12人である可能性が高いと判断したため、それを採用した。

◆註2　事件関係者の名前は新字表記を採用している。

◆註3　多くの報道では5人きょうだいとされているが、戸籍謄本を確認し得る立場にある司法関係者への取材の過程で、乳幼児期に亡くなったきょうだいがもうひとりいるとの情報を得たため、本書ではこれを採用し、6人きょうだいと記述した。

◆註4　身体拘束を受けている者から、刑事施設の窓口を介して、その荷物を受け取ること。

# 写真キャプション

◆162 - 163頁
宇宙ステーションに佇むオブジェ。ＵＦＯは直径5メートルほどの大きさで、梯子を使って中に入ることもできる。象の目にはライトが仕込まれており、たまに光る。鼻先も動く仕掛けになっている。

◆164頁（上段）
保見家の外には、かつてブラジャーをつけていたマネキンの残骸があった。

同頁（下段）
ワタルの愛犬、女好きのポパイ。シラナガ動物病院が引き取り、育てている。

◆165頁
金峰神社の石碑には、かつて寄附をした村人たちの名が刻まれていた。友一の名が確認できる。

◆１６６‐１６７頁
保見家の墓は、ワタルが鉄パイプで作ったバリケードに守られているかのようだ。

◆１６８頁（上段）
周南市立鹿野図書館の収蔵庫に収められているアルバムより。故・広本茂夫氏が撮影したものを、原田明さんが見せてくれた。昭和45年、金峰神社で行われた「七年祭」での舞の様子。
同頁（下段）
同右。天狗に扮した村人が踊る。

◆１６９頁
２０１７年7月、広島拘置所にいるワタルから届いた初めての便り。私はこれまでルポライターと名乗ったことはない。

◆１７０頁
同年8月に届いたワタルからの3通目の手紙より。

凡例

本文中、現代では不適切とされる表現があるが、時代性などにより原典ママとしている。

また取材コメントについても同様に、発言ママとしている。

## 本書のプロフィール

本書は、２０１９年に晶文社より刊行された『つけびの村　噂が5人を殺したのか?』に書き下ろしの原稿を加え、文庫化したものです。

小学館文庫

# つけびの村《むら》
## 山口《やまぐち》連続《れんぞく》殺人《さつじん》放火《ほうか》事件《じけん》を追《お》う

著者　高橋《たかはし》ユキ

二〇二三年三月十二日　初版第一刷発行
二〇二四年十月二十日　第三刷発行

発行人　三井直也
発行所　株式会社　小学館
〒一〇一-八〇〇一
東京都千代田区一ツ橋二-三-一
電話　編集〇三-三二三〇-五九五五
　　　販売〇三-五二八一-三五五五
印刷所——中央精版印刷株式会社


ISBN978-4-09-407235-8